Söldner

15 Wege, dein Start-up an die Wand zu fahren.

Und 15 Regeln, es nicht zu tun

Söldner Richard

15 Wege, dein Start-up an die Wand zu fahren.

Und 15 Regeln, es nicht zu tun

HANSER

Alle in diesem Buch enthaltenen Informationen wurden nach bestem Wissen zusammengestellt und mit Sorgfalt geprüft und getestet. Dennoch sind Fehler nicht ganz auszuschließen. Aus diesem Grund sind die im vorliegenden Buch enthaltenen Informationen mit keiner Verpflichtung oder Garantie irgendeiner Art verbunden. Autor und Verlag übernehmen infolgedessen keine Verantwortung und werden keine daraus folgende oder sonstige Haftung übernehmen, die auf irgendeine Weise aus der Benutzung dieser Informationen – oder Teilen davon – entsteht. Ebensowenig übernehmen Autor und Verlag die Gewähr dafür, dass die beschriebenen Verfahren usw. frei von Schutzrechten Dritter sind. Die Wiedergabe von Gebrauchsnamen, Handelsnamen, Warenbezeichnungen usw. in diesem Werk berechtigen auch ohne besondere Kennzeichnung nicht zu der Annahme, dass solche Namen im Sinne des Warenzeichen- und Markenschutz-Gesetzgebung als frei zu betrachten wären und daher von jedermann benützt werden dürften.

Bibliografische Information der Deutschen Nationalbibliothek:
Die Deutsche Nationalbibliothek verzeichnet diese Publikation in der Deutschen Nationalbibliografie; detaillierte bibliografische Daten sind im Internet über <http://dnb.ddb.de> abrufbar.

Dieses Werk ist urheberrechtlich geschützt. Jede Verwertung, die nicht ausdrücklich vom Urheberrechtsgesetz zugelassen ist, bedarf vorheriger Zustimmung des Verlages. Das gilt insbesondere für Vervielfältigungen, Bearbeitungenen, Übersetzungen, Mikroverfilmungen und die Einspeicherung und Verarbeitung in elektronischen Systemen.

© 2019 Carl Hanser Verlag, München
www.hanser-fachbuch.de
Lektorat: Lisa Hoffmann-Bäuml
Konzeption & Redaktion: Stefan Adrian
Illustrationen: Constanze Fleischmann
Satz: Kösel Media GmbH, Krugzell
Coverrealisation: Max Kostopoulos
Druck und Bindung: Friedrich Pustet GmbH & Co. KG, Regensburg
Printed in Germany

Print-ISBN: 978-3-446-45942-7
E-Book-ISBN: 978-3-446-46082-9
ePub-ISBN: 978-3-446-46305-9

Gewidmet ist dieses Buch meinem Vater, Richard Söldner (*05. 12. 1957 / +15. 06. 2019), von dem ich sehr viel lernen konnte in der Zeit, die wir gemeinsam auf dieser Welt verbringen durften! Danke dafür Papa, Du fehlst uns allen sehr und ich freue mich, wenn wir uns alle an einem anderen Ort wiedersehen.

Danke! An meine Frau, meine Familie, meine Freunde und die, die immer Zeit, Nerven, Geduld, Hilfe und Rat für mich übrig hatten. Ich kann euch gar nicht genug umarmen dafür, dass ihr in den schweren Zeiten zu mir gestanden seid! Aber wenn es schon mit der Idee nicht geklappt hat, dann könnt ihr euch jetzt wenigstens die Geschichte dazu durchlesen ...

Liebe Start-up-Gründer und Millionäre in spe!

Mark Zuckerberg, Elon Musk, Steve Jobs, Oliver Samwer – das sind nur einige der Namen, die symbolisch für die strahlende Start-up-Industrie stehen. Ihr seht ihre Erfolgsgeschichten und denkt: *Warum nicht ich? Warum sollte ich das nicht auch schaffen?* Und das ist völlig richtig: Das ist die richtige Einstellung. Es gibt nichts Besseres als die Energie, von einer Idee überzeugt zu sein und jeden Tag mit dem Gefühl aufzuwachen, sie umzusetzen. Wer nicht so an die Sache rangeht, sollte überhaupt kein Start-up gründen. Die Erfolgsgeschichten, wie aus Ideen in der Garage, im Studentenzimmer oder im Café millionenschwere Big Player wurden, sind sowohl Mythos als auch Motor der globalen Start-up-Industrie.

Ich setze den Begriff »Start-up« dabei auch nicht unbedingt mit dem Wunsch eines Milliardenimperiums gleich, was jedoch oft die Motivation vieler Gründer ist. »Start-up« oder »Gründen« ist schon fast eine Art Sport geworden: den Anfangsgroschen selbst investieren, Pitch Decks vorbereiten, Businesspläne schreiben, um Investoren buhlen, Adrenalin, Geld, Erfolg, Angestellte und am Kicker-Automat die Work-Life-Balance optimieren. Eine Gründung muss nicht immer die Rakete in den Silicon-Valley-Himmel sein, sie muss nicht immer die technologische Revolution vor Augen haben, die in ihrer disruptiven Energie alles mitreißt. Eine gute Idee kann im Lokalen ebenso funktionieren wie im Globalen, im Analogen wie im Digitalen, sie kann in Offenburg genauso entstehen wie in London. Ein »Start-up« ist immer ein »Unternehmen«. Du solltest dich »Unternehmer« nennen und dir bewusst machen, dass du eine sehr große Chance auf viel Arbeit, Verantwortung und auch Risiko haben wirst – und nur eine kleine Chance auf den richtig großen Erfolg.

Und dass es dabei aber nicht diesen einen, klaren Pfad zum Erfolg gibt, würden die genannten Unternehmer sofort unterschreiben. Nicht jede Idee wird zum disruptiven Gewitter, nicht jede Gründung führt auf den Walk-of-Fame der Entrepreneure. Die bittere Wahrheit ist: Neun von zehn Gründungen weltweit scheitern. Es ist heute so einfach wie noch nie, ein Start-up zu gründen – und gleichzeitig ist es so schwierig wie nie, damit erfolgreich zu sein.

Ich bin mit meinem Start-up gescheitert, sonst würde dieses Buch auch nicht »15 Wege, dein Start-up an die Wand zu fahren« heißen. Sehr wahrscheinlich würde es überhaupt kein Buch geben und ich wäre irgendwo mit einem 1972er Pontiac LeMans unterwegs. Bin ich aber nicht und das hat gute Gründe. Habe ich mich für das Scheitern geschämt? Geschämt habe ich mich nicht, aber es kratzte sehr an mir. Wie man sich eben fühlt, wenn ein Traum schief geht und man sich statt auf dem Walk-of-Fame auf dem Walk-of-Shame wiederfindet. Aber Scheitern ist immer eine reelle Möglichkeit. Viele würden sogar sagen: Ohne Scheitern kann man nicht lernen und nicht zu scheitern heißt, es gar nicht erst probiert zu haben.

Die Schlüsse, die ich daraus gezogen habe, möchte ich in diesem Buch auf eine geradlinige, ehrliche, aber auch unterhaltsame und leicht verdauliche Weise weitergeben. Ich möchte mich nicht hinstellen und tönen: »So geht es! Das ist der garantierte Weg zum Erfolg für alle und die Methoden dazu sind super einfach!« Jeder, der so etwas behauptet, verkauft euch dabei schon irgendetwas, aber wahrscheinlich nicht die Wahrheit. Denn nicht jeder wird auf Anhieb erfolgreich. Jeder Pfad verläuft unterschiedlich, jeder Mensch ist anders, jede Realität ist anders. Und die Realität steht nur zu einem sehr geringen Teil in BWL-Büchern. Die Theorie erzählt dir sehr viel über Verhandlungsprinzipien und Verträge, sie sagt dir aber wenig darüber, wie du dich fühlst, wenn dir dein Geschäftspartner achselzuckend gesteht, dass er sich nicht an eine Abmachung gehalten hat; eine Abmachung, von der – by the way – die Existenz deines Unternehmens abhängt. Was machst du dann? Wo liest du nach? Existiert ein sauberer Vertrag oder hast du überhaupt keinen geschlossen? Warst du froh, überhaupt einen Partner gefunden zu haben? Das können kapitale Fehler sein! Vielleicht hat man die schriftliche Vereinbarung auch hinten angestellt, weil man sich ja so sympathisch war und dachte, ein Handschlag unter Partnern gelte immer.

Die Realität ist, dass mehr als genug zu tun ist: Gespräche mit Investoren, Marketingkonzept schreiben, Partner überzeugen, Pitch vorbereiten, verstopften Abfluss im neuen Büro reinigen – all das gehört zu den Aufgaben eines Gründers. Du musst eine Lösung für Dinge haben, von denen du noch nicht einmal wusstest, dass es sie überhaupt gibt. Du bist ein Schweizer Messer auf zwei Beinen – und selten zugeklappt.

Ich schreibe dieses Buch vor allem für diejenigen, die sich fühlen wie ich damals. Die voller Tatendrang in einer Kleinstadt sitzen und denken: *Mensch, Bombenidee! Die setze ich jetzt um, komme, was wolle. Kann nicht schiefgehen, das Ding!* Es ist diese Gründungseuphorie, mit der die Weichen gestellt werden für vieles, was auch schief gehen kann. Die Gründungsphase ist ein sehr kostbarer Moment, in dem diese Urgewalten des Aufbruchs dummerweise auf ein paar blöde Gefahren treffen – Risiken, von denen man denkt, dass sie immer die anderen betreffen, aber nicht die eigene Idee. Das tun sie aber sehr wohl.

Auf keinen Fall möchte ich mit diesem Buch eine Gründungseuphorie untergraben, im Gegenteil: Ich möchte sie unterstützen! Ich möchte meine Geschichte und meine Fehler erzählen und daraus resultierende kurze Tipps und Denkanstöße geben, die dir helfen, den eigenen Weg ein bisschen besser vorzubereiten oder die eigenen »rosaroten Gedanken« mit einfachen Tricks auf die Probe zu stellen und Kritik an sich selbst zuzulassen – besser noch, willkommen zu heißen. Winston Churchill hat einmal gesagt: Die Kunst ist, einmal mehr aufzustehen, als man umgeworfen wird.

Ich selbst verstehe mehr von Effizienz als von Kunst und würde sagen, dass es schon viel hilft, einmal weniger hinzufallen. Machen wir uns auf den Weg!

Regensburg, 2019 *Richard Söldner*

Inhalt

Der Glaube an die Sache 17

    1.1 Die Magie des Entrepreneurs 21
    1.2 Ob du glaubst, du schaffst es, oder ob du glaubst, du schaffst es nicht – du hast immer Recht 24

Heureka! Die Idee 29

    2.1 Ein Produkt für sich – oder für andere 32
    2.2 Immer einen Fallback-Plan im Köcher haben 36

Im Beichtstuhl: Der Businessplan 41

    3.1 Der Businessplan, ein Auslaufmodell? 44
    3.2 Der Businessplan, ein Wing(wo)man 45
    3.3 Achte auf den Cashflow! 48
    3.4 Businessplan immer wieder überprüfen 50

$$$ Bling Bling $$$: Die Finanzierungsformen 53

    4.1 Bootstrapping 55
    4.2 Don't take the money and run: Bankkredit 57
    4.3 Take the money and surf: Crowdfunding 58
    4.4 Staatliche Fördermittel und Förderkredite 60
    4.5 Business Angels und Venture Capital 61
    4.6 Moment noch ... zum Thema eigenes Gehalt 62

Talk to Angels: Business Angels und Venture-Capital-Investoren 69

    5.1 Searching for Angels 71
    5.2 Der erste Business Angel 73
    5.3 Was ist ein richtiger Investor 75
    5.4 Investoren überprüfen – aber auch auf dem Laufen halten 78
    5.5 Also, zurück zum Spatz und zur Taube 79

Von Raten und Ratten: Der Bankkredit 83

    6.1 Die Bank, ein Schönwetterfreund 86
    6.2 Nehmen Sie Platz 87
    6.3 Der Hintern ist immer in der Schusslinie 89

Image, Baby! Marketing und PR ... 93

- 7.1 Die Welt muss wissen, dass es dich gibt ... 96
- 7.2 Schnell mal ein Selfie – Fehlanzeige ... 98
- 7.3 Image, Image, Image ... 100
- 7.4 Die Kraft der Messen liegt nicht im Kräftemessen ... 102

Auf (k)einen feuchten Händedruck: Verträge ... 107

- 8.1 Must-Have: Verträge mit Gründungspartnern ... 109
- 8.2 Take Care: Verträge mit Geschäftspartnern ... 112
- 8.3 Groß gegen Klein ist immer häufiger Groß mit Klein .. 114
- 8.4 Do it: Verträge mit Investoren ... 116

Klappe auf! Klappe zu!
Austausch und Verschwiegenheit ... 121

- 9.1 Klappe auf: Erzähl deine Idee! ... 123
- 9.2 Klappe auf: untereinander sprechen! ... 124
- 9.3 Klappe auf. Aber auch Klappe zu: andere Start-ups ... 127
- 9.4 Klappe auf: Halte deine Investoren auf dem Laufenden ... 130
- 9.5 Klappe zu: Du hast Geld bekommen ... 131

The Hustler! Team und Mitarbeiter ... 135

- 10.1 Mitarbeiter: Heuere klug, feuere klüger! ... 139
- 10.2 Here come the Men in Black ... 141
- 10.3 Die gute Familie ... 144

Scale the fuck up!
Skalierbarkeit und Unternehmensform ... 149

- 11.1 Deutschland, ein Markt für digitale Geschäftsideen . 151
- 11.2 Internationalität beginnt vor der Haustür ... 153
- 11.3 Skalierung und Organisation: Zum Thema COO ... 155
- 11.4 Aufgepasst bei der Wahl der Unternehmensform ... 157

Snacks und Tischkicker: Die Unternehmenskultur ... 163

- 12.1 Unternehmenskultur lernen ... 168
- 12.2 Unternehmenskultur vorleben ... 169
- 12.3 Unternehmenskultur formen ... 171

Bluffen: Wahrheit oder Pflicht 177

    13.1   Zwischen Bluff und Pokerface 182
    13.2   Für Verkäufer ist der Himmel immer blauer 184
    13.3   Doppelheirat 186

Aus die Maus: Die Insolvenz 189

    14.1   Insolvenz und die Folgen 192
    14.2   Auch Investoren droht Ärger 195
    14.3   Wenn's ganz hart kommt: Insolvenzverschleppung.. 196
    14.4   Wie es zur Insolvenz kam 198

Play it again, Sam! Gründerzufriedenheit 203

    15.1   Gründer suchen Herausforderung
            und Unabhängigkeit 205
    15.2   Noch einmal: Der CEO macht alles 206
    15.3   Play it again, Sam! 209

Literatur 213

Index 217

Der Autor 221

Kapitel 1

Der Glaube an die Sache

Der Glaube versetzt Berge. Er kann entscheidend sein, ob du zu den 10 % gehörst, die es schaffen. Oder zu den anderen 90 %.

Wie antwortet der namenlose Fahrer im Kultfilm *Drive*, gespielt von Ryan Gosling, auf die Frage, was er in seinem Leben mache? »I drive«. *Ich fahre.* Das englische Wort für *fahren* ist etwas anderes als das Hauptwort, der *Antrieb*, aber so genau will ich es an dieser Stelle nicht nehmen. Denn wenn ein Start-up-Gründer nur eine Antwort zur Verfügung hätte auf die Frage, was ihn auszeichnet und warum sein oder ihr Start-up erfolgreich sein wird? Dann wäre das genau dieses: »Drive«.

Der Antrieb, der Motor, die Leidenschaft. »They don't teach you drive«, wie es im Englischen heißt. Sprich: Du hast diesen Motor oder du hast ihn nicht. Und ob du ihn hast, wird bereits bei der Geburt entschieden, ohne dass du einen Einfluss darauf hast. Ist es aber tatsächlich so einfach? Sind Motivation, Wille und Glaube wirklich so entscheidend, und wenn ja, kann man sie nicht doch irgendwie trainieren?

Ich gebe zu, das erste Kapitel kommt einem Persönlichkeitsratgeber so nahe wie kein anderes in diesem Buch. Das aber nur, weil diese psychologischen Fragen auf einfachen Fakten beruhen: 90 % aller Start-ups scheitern. 80 % aller Start-ups werden nicht älter als drei Jahre (Kalka 2019).

Diese Statistiken kennen auch Geldgeber und Investoren und diese investieren gerade bei Neugründern und Erst-Unternehmern, noch vor der Idee und dem Konzept an sich, zuallererst in die Person, die ihnen ihre Geschäftsidee präsentiert! Natürlich betrachten sie auch den Businessplan, das Geschäftsmodell oder andere Indikatoren, die ihnen vorgelegt werden. Aber genauso wie man selbst, wissen auch sie (und vor allem sie), dass in einem Businessplan an der einen oder anderen Stelle geschönt wurde, beim Umsatz etwas zu positiv in die Zukunft geblickt wurde – und die Realität sich sowieso als anders herausstellen wird, als es noch so aufrichtig antizipierte Zahlen je wiedergeben könnten. Also schauen sie dir tief in die

Augen – vielleicht auch darauf, ob du zwei gleiche Socken trägst oder saubere Fingernägel hast – und beurteilen deine Körpersprache, dein Auftreten, deine Person und deine Überzeugung von der Sache. Sie wollen wissen, ob du der- oder diejenige bist, der bzw. die reagieren kann, wenn sich die Zahlen anders als erwartet entwickeln. Sie wollen einschätzen, ob du der Kapitän bist, der den Kurs ändern kann, wenn die ersten härteren Wellengänge kommen, oder ob du bei der ersten Breitseite panisch von Bord springst.

Spüren sie diese Überzeugung, diese Leidenschaft, glauben sie ein ganzes Stück mehr, dass du in der Lage bist, das Ding zu stemmen. Die, die eigentlich gar nicht auf der Party sein wollen, aber trotzdem beklommen zu tanzen versuchen, das sind die, die sich bei den ersten Regentropfen in ihrem Unterschlupf verkriechen und hoffen, dass der Schauer bald von alleine vorüberzieht. Seriöse Investoren riechen das! Sie wissen, dass es Schwierigkeiten geben wird: Alles andere würde sie überraschen. Ein Start-up zu gründen, geht eben nicht ohne die eine oder andere blutige Nase, und wer ein Glaskinn hat, sollte gar nicht erst anfangen. Man muss einstecken können oder zumindest jemanden mit an Bord haben, der das kann. Und zwar von Anfang an; soll heißen: nachdem man der ersten Person voller Euphorie die Idee erzählt hat und die ersten Dämpfer, wenn auch nur als entmutigende Kommentare, kommen. Die wenigsten leben im Silicon Valley oder in Start-up-WGs, wo das Wort *Bootstrap* zur Breakfast-DNA gehört. Familie und Angehörige haben Angst, dass man sich übernimmt, und ihre erste Frage lautet eher: »Bist du sicher, dass du das kannst?« Partner haben Angst, dass man sich auseinanderlebt, weil selbstständig zu sein, das bedeutet eben *selbst* und *ständig,* wie das alte Sprichwort sagt (was in Kapitel 15 nochmal genauer aufgegriffen wird). Da bleibt vielleicht keine Zeit mehr füreinander und die erste Frage des Partners lautet ängstlich: »Bist du sicher, dass du das willst und unsere Beziehung das verkraftet?« Und wenn die Zweifel nicht von zu Hause kommen, dann spätestens vom Kunden: Du wirst auf solche treffen, die das Produkt nicht wollen oder deine Idee in wenigen Sekunden parodieren: »Davon werden Sie nicht viel verkaufen, bei uns hat noch niemand danach gefragt!« Man wird Investoren begegnen, die skeptisch sind und das klar und deutlich spüren lassen. Wer sich Meinungen anderer einholt, darf sich nicht entmutigen lassen, wenn sie der eigenen widersprechen. Das sagt sich natürlich leicht. Aber wer nach einem schlecht gelaufenen Pitch nach Hause schleicht, wird früher das Handtuch werfen als der, der sich denkt: »Euch zeige ich es noch!«

1.1 Die Magie des Entrepreneurs

Man darf Enttäuschung nicht ausblenden, sich aber auch nicht davon auffressen lassen. Ein Start-up hochzuziehen bedeutet, sich mit vielen Themen und Entscheidungen auseinanderzusetzen, von deren Existenz man zuvor noch nicht gewusst hat. Du arbeitest an einer Software, die Warteschlangen in Postfilialen auf null reduziert? Geil. Aber mit Managern zu sprechen, fällt dir schwer, du schläfst beim juristischen Phrasengedresche von Anwälten ein und eigentlich kannst du am besten alleine arbeiten und weißt nicht, wer zu dir passt? Und musst du nun eigentlich zum Patentamt oder nicht? Solche Fragen können jeder Euphorie schon in den ersten Tagen oder Wochen den Wind aus den Segeln nehmen.

Diese ständig in sich greifenden Prozesse ringen einem mehr Energie ab, als man sich zu Beginn vorstellen kann. Sieht man sich die Erfolgsstorys der Muster-Mega-Durchstarter an, ist es wie bei Kinderfotos in Freundesgruppen: Auf Whatsapp sieht man nur die lustigen Fotos vom Eis-

essen oder vor dem Abflug am Gate. Aber keiner erzählt von den durchwachten Nächten und dem Geschrei auf dem Weg zum Flughafen. Nicht an der Sache zu zweifeln und Hindernisse als notwendige Begleiterscheinungen einzuordnen, erlaubt es, besser mit Rückschlägen umzugehen, die es bei einer Gründung mit Sicherheit geben wird. Das geht nicht ohne den richtigen Motor, ansonsten gibt man auf oder man geht gar nicht erst in die Sache rein.

Und diese Tatsache ist eben auch Investoren, Business-Angels und anderen Geldgebern, die selbst mit einer Idee angefangen haben, mehr als klar. Sie wissen, 90 % aller Gründungen lösen sich samt ihrer spektakulären Berichte, ihrer hingebungsvollen Präsentationen und ihrer enthusiastischen CEOs wieder in Luft auf – und damit im Zweifel auch ihr eigenes, eingesetztes Kapital. Das ist keine von mir erfundene Zahl, sondern eine, die weltweit Gültigkeit hat. Diese Zahl darf man bei den Erfolgsgeschichten aus dem Silicon Valley oder transkontinentalen Gründerkonferenzen nicht ausblenden.

Wem bei dieser Zahl jetzt unweigerlich ein Schauer über den Rücken läuft (oder wer das Buch zurück in das Regal stellt oder auf *Textprobe beenden* drückt), der oder die hat vielleicht schon die Antwort, ob er oder sie tatsächlich den Drive für eine Gründung mitbringt. 90 % ist in der Tat eine Zahl, vor der man erschauern kann. Genau an diesem Punkt aber setzt bereits die erste Magie des (möglichen) Entrepreneurs ein: Gibt es nicht vielleicht einen Weg, diese Statistik auf eine andere Weise zu betrachten? Kann man hier einen neuen Blickwinkel anwenden? 90 %, das heißt ja übersetzt auch nicht viel mehr, als dass es einer von zehn schaffen kann. Und 1 von 10 ? Das klingt schon machbarer. Das ist, wie das Bild seiner Kommilitonenklasse zu betrachten: Vier haben geheiratet und Kinder in die Welt gesetzt, eine ging auf Weltreise, zwei sind bei McKinsey, einer in der Politik, einer in der Bank – bleibt einer übrig, also du.

Es ist also notwendig, diese mahnenden Zahlen zu kennen. Nichtsdestotrotz muss man diesen beinahe blinden Glauben an sich selbst haben, es doch zu schaffen. Die Start-up-Welt bietet auch viele Möglichkeiten, sich zu entwickeln, mehr, als es vielleicht herkömmliche Unternehmensstrukturen getan haben. Sie lebt von einem Do-it-yourself-Kern, von einer Learning-by-doing-Philosophie, aber auch von Vernetzung und Coaching. Wer seine Ideen wunderbar in der kleinen Gruppe formulieren kann, aber vor Investoren verstummt, kann das lernen oder sich wenigstens darin verbessern. Acceleratoren bieten mittlerweile in nahezu jeder größeren Stadt gute Gelegenheiten zur Entwicklung.

Man wird vielleicht nie das raumgreifende Charisma eines Elon Musk erlernen, bei dem die Anwesenden verstummen, wenn er den Raum betritt (was trotzdem nicht schaden kann). Aber das muss auch nicht sein. *Drive* kann sich auch unter verschiedenen Aspekten zeigen. Um auf das Beispiel vom Beginn des Kapitels zurückzukommen: Ryan Gosling ist in besagtem Film kein brennender Charismatiker oder leidenschaftlicher Redner. Er ist vielmehr der Typ wortkarger Cowboy – und bestimmt kein guter

Unternehmer. Er will Auto fahren. Nichts anderes. Alles andere ordnet er seinem Ziel unter.

Können geht allerdings nur mit *Wollen*, und Leidenschaft und Wille haben viele Gesichter, ob sie sich nun im Durchhaltevermögen zeigen oder in der Fähigkeit, Opfer zu bringen oder unangenehme Entscheidungen zu treffen und die Extra-Meile zu laufen, auch wenn man nicht sicher weiß, was danach passiert.

1.2 Ob du glaubst, du schaffst es, oder ob du glaubst, du schaffst es nicht – du hast immer Recht

Wie sah der Drive bei mir aus? Mit meinen ersten Gehältern aus dem Job wollte ich die Startup-Rakete zünden und vorfinanzieren. Mich hat auch die Vorstellung nicht geängstigt, alleinverantwortlich für Erfolg oder Misserfolg zu sein, auch wenn ich mit einem Bein in Vollzeit angestellt war und die Selbstständigkeit »nebenher« ankurbelte. Unternehmer zu sein, bedeutete für mich das Gefühl von Freiheit. Das mag daher rühren, dass auch mein Vater selbstständig war. Er hatte einen kleinen Tabak-und-Lotto-Laden und ein Restaurant in unserer Heimatstadt betrieben. So lernt man bereits als Kind, dass eine Inventur auch mal an einem Sonntag fällig ist, wenn alle anderen tollen Hobbys nachgehen, oder dass man auch an einem Samstag im Laden steht, wenn alle anderen schon nachmittags auf die Kirmes laufen. Und ob du nun Lottoscheine oder Software verkaufst, die Mechanismen und die Fragen sind die gleichen: *Wer sind deine Kunden? Wie verdienst du mit deinem Business Geld? Wie funktioniert der Verkauf? Willst du lieber für dich arbeiten oder mit allen anderen auf die Kirmes?*

Die Frage, ob man ein Entrepreneur ist und ob man ein Start-up wirklich von Grund auf aufziehen will, stellt sich daher nicht nur aufgrund der Tatsache, ob man ein wahnsinnig guter Programmierer ist oder ob man eine sich selbst spazieren tragende Hundeleine erfunden hat, wie sie die Welt noch nicht gesehen hat. Die Entscheidung hängt tatsächlich auch von einfachen Fragen des Persönlichkeitsprofils ab: Ängstigt dich die Vorstellung, Steuernummern zu beantragen, mit Notaren zu sprechen, Geld auszugeben, das du noch gar nicht hast? Langweilt dich die Vorstellung vielleicht auch? Dann lass es besser bleiben. Betrachte es vielmehr durch die Linse eines Kinderspiels: Angenommen, eine Fee gibt dir drei Wünsche frei. Wenn deine drei Antworten lauten: »Die Liebe meines Lebens finden«, »ein Haus am Strand« und »einen nagelneuen Porsche« – dann kannst du deinen Businessplan und deine bereits gedruckten Visitenkarten in die Tonne treten. Das wird nichts. Wenn dir nicht als Erstes die Antwort »Ich möchte mit meiner Idee der Welt in den Hintern treten« oder wenigstens ein netteres »Meine Idee soll erfolgreich sein« in den Sinn kommt, dann lenke deinen Antrieb am besten in eine andere Richtung.

Meine Antwort auf diese Frage wäre gewesen: »Ich möchte den geilsten Wodka der Welt machen!« Wodka mit Rock'n'Roll, Wodka mit Wumms, Wodka, der in den Zeitgeist passt: ein Premiumprodukt, nachhaltig und regional produziert, sexy, modern und anders. Dass es nicht klappen könnte, war für mich völlig unvorstellbar. Im Gegenteil: Wenn mir jemand sagte, dass es so oder so nicht geht, war die Herausforderung, allen das Gegenteil zu beweisen, umso größer. Ich bin mit der Überzeugung aufgewacht, dass unser Produkt sich durchsetzen wird, und ich bin mit der Überzeugung eingeschlafen, dass unser Schnaps in wenigen Jahren in einem Atemzug mit Marktgrößen wie Absolut Wodka oder Grey Goose genannt werden würde. Ich habe meinen Gründungspartner davon überzeugt, ich habe meine Frau davon überzeugt, ich habe Investoren davon überzeugt. Ich habe nach dem Aufwachen überlegt, wen wir als Werbeträger engagieren konnten, wo wir das Produkt platzieren müssen, ob und wann wir expandieren würden. Mein ganzes Gedankengerüst drehte sich um das Produkt.

Das ist der *Drive*, wie ihn auch Spitzensportler haben: Serena Williams oder Raphael Nadal sind felsenfest davon überzeugt, ein Spiel zu gewinnen, selbst wenn sie 0 : 6, 0 : 5 und 00 : 40 zurückliegen. Sie glauben bis zum letzten Punkt mit jeder Faser ihres Körpers, dass sie das Spiel noch gewinnen werden. Jeder andere Gedanke ist ihnen völlig fremd und käme einer Blasphemie gleich. Auf diesem Level entscheidet nicht mehr Talent, wer gewinnt oder nicht, sondern Glaube. Schon Henry Ford sagte: »Ob du glaubst, du schaffst es, oder ob du glaubst, du schaffst es nicht – du hast immer Recht.«

Das Gemeine an diesen Zitaten dieser Unternehmerlegenden, die man in jeder Spruchsammlung findet, ist: Sie stimmen. Ich habe in den Jahren meines Start-ups viele Dinge gelernt und so manches würde ich heute anders machen. Aber an einem Punkt kann ich mir nichts ankreiden: Die Hingabe und der Glaube an meine Sache haben gepasst. Es geht ja nicht nur darum, sich zu Beginn zu fragen: »Glaubst du daran?« Es geht auch darum, sich nach drei Monaten wieder zu fragen: »Glaubst du nach wie vor daran?« Und nach einem halben Jahr: »Glaubst du immer noch daran?«

Wenn überhaupt, habe ich vielleicht zu stark geglaubt. Aber dieser Glaube, dieser Drive, ist, wie wir sehen, stark mit dem nächsten Kapitel verwoben: die Idee und wie sie beeinflusst, ob dein Start-up erfolgreich ist.

Wie du gegen die Wand fährst:
- Du betrachtest das Start-up als Hobby, wo immer die Sonne scheint, nicht als Unternehmen mit seinen Schattenseiten und Verpflichtungen.
- Du investierst nicht genügend Energie und machst das Ganze halbherzig oder zweifelst bereits im Voraus, dass es ein Erfolg werden könnte.
- Dich erfüllt die Vorstellung, dass neun von zehn Start-ups scheitern, schnell mit Angst und Bangen und du verlierst den Glauben an deine gut durchdachte Idee.

Was sind die Konsequenzen:
- Investoren investieren hauptsächlich in die Person; wer Zweifel verströmt, wird an Investitionen vorbeischippern.
- Deine Idee scheitert bereits an der Gründung.
- Mangelnder starker Glaube an die Sache führt dazu, dass du schnell das Handtuch wirfst und noch schneller in eine Pleite fährst.

Wie du die Wand umfährst:
- Hole dir Meinungen anderer ein, aber lasse dich nicht entmutigen, wenn sie der eigenen widersprechen.
- Verbessere dich und übe, wenn du deine Ideen wunderbar in der kleinen, familiären Gruppe formulieren kannst, aber vor Investoren oder unter außerfamiliären Umständen verstummst. Leiste dir ein Coaching oder Mentoring, Acceleratoren bieten mittlerweile in nahezu jeder größeren Stadt gute Gelegenheiten.
- Denke immer daran: »Ob du glaubst, du schaffst es, oder ob du glaubst, du schaffst es nicht – du hast immer Recht.«

Kapitel 2

Die Idee

Es geht um deine Idee, nicht um die Meinung anderer. Aber stelle sicher, dass du deine Hausaufgaben gemacht hast.

Kein Buch über Start-up-Gründungen kommt ohne den Jedi-Meister der *Against-all-odds*-Unternehmer aus, Steve Jobs. Einer der wohl bekanntesten Sprüche des 2011 verstorbenen Apple-Visionärs ist: »Menschen wissen nicht, was sie wollen, bis man es ihnen zeigt.« (Wikiquote 2019). Es ist ein Zitat, das viele Entrepreneurs über ihrem Laptop hängen haben, oder wenigstens vor ihrem geistigen Auge baumeln lassen. Der Spruch hilft, über alle Zweifel hinweg den Glauben zu festigen, dass das, was die Menschen wollen, ohne es zu wissen, diese einzigartige Idee ist, die man gerade umsetzt.

Nun will ich mit meinem kleinen Buch ganz bestimmt nicht den großen Steve Jobs kritisieren. Tatsache aber ist: Die Sache mit der Idee ist ein zweischneidiges Schwert. Vereinfacht gesagt: Man muss dabei genau differenzieren, was eine sinnvolle und was eine weniger sinnvolle Idee ist. Denn die falsche Idee – oder aber auch die richtige Idee zum falschen Zeitpunkt – kann viel Geld und Zeit kosten.

Die Überzeugung von der eigenen Idee und vor allem vom eigenen Erfolg ist die Energie, die einen vorwärtsbringt. Du interessierst dich am besten aber auch inhaltlich für die Materie, mit der du die nächsten zehn Jahre deines Lebens verbringen willst. Oder fünf, wenn du in fünf Jahren den Exit planst. (Aber willst du etwas, das du in fünf Jahren schon wieder verkaufen willst, wirklich? Also *wirklich* wirklich?) Willst du eine Idee umsetzen, nur um das Unternehmen in fünf Jahren mit maximalem Gewinn zu verkaufen? Geht man in das Ganze rein, während man gedanklich schon die Millionen des erfolgreichen Exits zählt? Eine schwierige Konstellation. Ideen, von denen man ausgeht, sie so rasch wie möglich an den Meistbietenden abzustoßen, haben meiner Meinung nach weniger Erfolgspotenzial. Warum? Man ist einfach früher geneigt, hinzuschmeißen, wenn man ohnehin vielleicht gar nicht so stark an dem Unterfangen selbst, sondern nur am schnellen Exit hängt. Ein guter Entrepreneur sollte das Unternehmen gründen, das er nie verkaufen möchte.

Nun zum Punkt: Grundsätzlich kommen Geschäftsideen in zwei Gestalten. Sie sind in ihrem Wesen ähnlich, haben aber doch einen fundamentalen Unterschied. Das eine ist die Idee, von der man überzeugt ist, dass sie am Markt funktioniert (z. B. ein Dübel, der mit einem Schlag in die Mauer fährt). Das andere ist eine Idee, die man hat, weil man das Produkt selbst gerne hätte (z. B. ein Dübel, der die Form des Eiffelturms hat). Zugegeben, es ist schwierig, an diesem Punkt eine klare Linie zu ziehen, da es hier emotional wird und »menschelt«. Die Leidenschaft für die Idee ist mit der Bereitschaft für eine Gründung – und dem damit verbundenen Risiko – häufig verschmolzen wie die Freiheitsstatue mit ihrer Fackel. Trotzdem muss man versuchen, einen kühlen Blick zu bewahren, denn die Wahrheit ist: 42 % aller Start-ups scheitern, weil es keinen Markt für ihre Idee gibt. Das ist knapp die Hälfte aller Gründungen – mit einem gehörigen Vorsprung zu Grund Nummer zwei, fehlende finanzielle Mittel (29 %).

2.1 Ein Produkt für sich – oder für andere

Und hands down: Die meisten Menschen gründen ein Start-up, weil sie eine Idee haben, von der sie denken, dass die Welt sie braucht. Dabei entwickeln sie ein Produkt, *das sie selbst gerne hätten*. Diese Leidenschaft für die eigene Idee kann einen blind machen. Diese Leidenschaft ist viel zu oft wie die rosarote Brille: Du siehst, was du sehen willst, und ignorierst offensichtliche Wahrheiten und Fakten. Daraus resultiert dann auch der erste Fehler, den man nie mehr oder nur in den seltensten Fällen wettmacht: an der ersten Gabelung den falschen Weg einzuschlagen.

Bei uns war es – und ich habe lange gebraucht, mir das einzugestehen – ähnlich. Wir waren so voller Enthusiasmus für unsere Idee, dass wir den Markt und seine Entwicklungen zu lange ausgeblendet haben. Wir haben nicht ein Produkt entwickelt, das der Markt verlangt hat. Wir haben ein Produkt entwickelt, das es für uns nicht gab. Die bittere Wahrheit ist: Hätten wir 2012 anstatt Wodka Gin gemacht, würde dieses Buch nicht existieren, oder höchstens unter dem Titel »15 Wege, mit Gin reich zu werden«.

Es ist nicht so, dass wir keine Marktforschung betrieben hätten oder uns leichtsinnig in das Unterfangen gestürzt hätten. Ganz im Gegenteil: Wir haben sehr gründliche Marktforschung betrieben. Wir haben monatelang recherchiert, uns von Instituten Informationen kommen lassen und gute Kontakte in die Spirituosenszene aufgebaut, die wir bei dem einen oder anderen heimlichen »Gespräch am Wasserspender« vertieft haben. Wir hatten einen sehr tiefen und umfassenden Einblick in die Szene und den Markt. Wodka lag in den Jahren, in denen wir unser Produkt entwickelten, auch bei Google Trends noch vor Gin (Google Trends ist übrigens ein sehr guter Indikator, um festzustellen, worüber Leute sich informieren und wo *Interessen* hingehen), zumindest in absoluten Zahlen. Es mochten damals die ersten Ausschläge zu sehen sein, die Gin in Kürze im Spirituosensegment hinterlassen würde, aber noch hatte Wodka die Nase locker vorne. In den Bars der Welt tranken alle noch vornehmlich den Wodka-Megaseller Moscow Mule und noch nicht Gin & Tonic.

Aber auf Messen wuchsen links und rechts Gin-Stände aus dem Boden und manche Vertriebe meinten, sie hätten im letzten Jahr drei neue Gin-Marken aufgenommen, weil die Nachfrage so stark wächst, aber halt nicht für Wodka, von dem sie seit Jahren die gleiche Menge verkauften. Das waren Anzeichen, die man hätte deuten können. Wir waren jedoch lange zu stur, um von unserem Weg abzu-

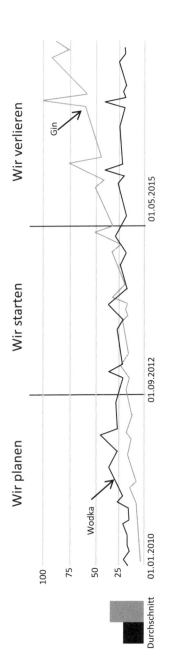

Nachfrageentwicklung von Wodka und Gin (nach Google Trends)

weichen, auch wenn uns 95 % der Befragten – und das waren Leute, die nahe am Markt dran waren – warnten, die Finger davon zu lassen. Unsere Antwort lautete eher Steve-Jobs-mäßig: »Ihr wisst nur noch nicht, dass ihr das Produkt braucht, die Leute werden es lieben!« In so einem Fall gibt es meist nur zwei Möglichkeiten: Entweder ist es wirklich unklug, weiterzumachen, oder man ist tatsächlich schlauer als alle anderen und macht das dicke Geschäft. Wenn der Großteil der Befragten aber durchaus weiß, was los ist, da sie sich tagtäglich in dem Businesssegment bewegen, trifft eher die erste Möglichkeit zu.

Blickt man heute zurück, scheint nichts logischer als der Siegeszug des Gins, gerade für den Premium-Bereich, in dem wir uns bewegten. Gin ist für den Konsumenten ein dankbares Thema. Er ist geschmacklich variantenreich, bleibt dabei trotzdem einfach und zugänglich. Man kann ihn mit Tonic Water mischen, man kann sich auf Dinner-Events über Kräuterausprägungen oder florale Noten einzelner Marken unterhalten, es ist ein Produkt, das in der Bar genauso gut funktioniert wie für den Connaisseur zu Hause. Trotzdem muss niemand so tief in die Materie abtauchen wie ein Weinsommelier, der einem Rotwein das Geschmacksprofil von Pferdeschweiß abringen muss. So stand der Boom in den Startlöchern, auch wenn nur die Mutigsten voraussehen konnten, wie stark sich das Segment in den folgenden Jahren entwickeln sollte, angetrieben auch auf dem deutschen Markt von Marken wie Monkey 47 oder Gin Sul.

Bei Wodka kam eher die Frage auf: »Macht ihr den aus Kartoffeln?« – »Das ist eure erste Frage ... eure *erste ... gottverdammte ... Frage*!?!« Wodka = Kartoffel ... nicht wirklich sexy ... überhaupt nicht sexy! Schon gar nicht in Zeiten von wachsender Diversität, Instagram-Cocktails und Food-Blogs als Imageträger. (Bizarrerweise sieht man jetzt, da ich dieses Buch schreibe, die ersten Headlines wie »Wodka ist der neue Gin« aufpoppen. Wodka darf wieder mehr Geschmack haben, Gin ist in aller Munde, man sucht wieder etwas Neues. Es tut ein bisschen weh, tut aber trotzdem gut, es zu hören.)

Im Nachgang ließe sich natürlich leicht sagen, dass wir das falsche Produkt zur falschen Zeit gemacht haben und rückblickend ja alles klar war. Nur: Nach der Schlacht ist jeder ein guter General. Man muss seine eigene Nase schon nochmal in den Dreck halten und das eigene Scheitern auch objektiv und fair bewerten:
- Warum haben wir damals welche Entscheidung getroffen?
- Waren unsere Überlegungen objektiv und rational oder subjektiv und arrogant?
- Haben wir damals Fakten ausgeblendet oder ausblenden wollen?

2.2 Immer einen Fallback-Plan im Köcher haben

Was ich heute sagen kann: Wir hatten unsere Hausaufgaben definitiv gemacht, was die Marktforschung betrifft. Es war zum Zeitpunkt, in dem wir die Entscheidung getroffen hatten, faktisch belegt, dass Wodka die Nase vorn hat und sich bei Gin zwar »was bewegt«. Wir dachten aber nicht, dass wir vor einer Kontinentalverschiebung stehen, und das dachten die Großen damals übrigens auch nicht – und mit denen standen wir regelmäßig im Austausch. Was wir aber definitiv versäumt hatten (und hier gibt es nichts zu beschönigen) war, einen Fallback-Plan auszuarbeiten. Es wäre klug gewesen, Gin als Teil eines Fallback-Plans zu produzieren, und tatsächlich wollten wir das auch. Aber wir wollten es zu spät. Als wir so weit waren, uns von unserem Ursprung zu entfernen, fehlten die finanziellen Ressourcen, einen Gin auf den Markt zu bringen, dessen Erlöse den rückläufigen Wodka tragen hätten können. Man darf nicht zu stolz auf seiner Ursprungsidee beharren, sondern sollte flexibel auf den Markt und die Erkenntnisse reagieren, die sich vielleicht schon abzeichnen. Wenn dein Geschäftsmodell unbedingt individuelle 3D-Drucke aus Schokolade sein muss, weil du allen davon erzählt und schon ein paar verkauft hast, aber alle Welt fragt dich nach individuellen 3D-Porträts für Kerzen? Kaufe auch Wachs!

Eine Gründung ist ein risikoreiches Unterfangen, und auch wenn wir in punkto Marktforschung unsere Hausaufgaben gemacht hatten, hatten wir keinen Backup-Plan erstellt. Um das Risiko einer Gründung abzufedern oder umzuverteilen, lohnt sich ein Two-Target-Konzept, also ein Plan B, der etwas mit Plan A zu tun hat, aber nicht das Gleiche ist. (Im Falle des genannten Dübel-Beispiels: beispielsweise Heimarbeit-Workshops anbieten oder eine Dübel-Sharing-Plattform mitdenken.)

Man kann also nicht genug betonen, wie sehr die Sache mit der Idee ein zweischneidiges Schwert ist. Brennst du für eine Idee? Sehr gut. Brennst du aus dem richtigen Grund? Das muss man überprüfen. Und wie sieht der Markt für deine Idee aus, was tut sich da? 2017 erreichte laut dem *Start-up Genome Report* VC-Kapital mit 140 Milliarden US-Dollar einen weltweiten Höchstwert für diese Dekade (Startup Genome 2018). Die Wertschöpfung der globalen Start-up-Industrie erreichte von 2015 bis 2017 2,3 Billion US-Dollar – eine Steigerung von knapp 26 % zum Vergleichszeitraum 2014 – 2016. Gleichzeitig gibt es tektonische Verschiebungen. Die Zeit der ersten und zweiten Generation der Start-ups, die vor allem mit Digital Media, Social Media, Suchmaschinen und internetbezogenen Produkten erfolgreich waren, ist vorbei. Das heißt nicht, dass das letzte Stündchen von Google, Facebook, Amazon & Co. geschlagen hat, ganz und gar nicht, nur: Die Messe ist gelesen, die Innovation auf diesem Sektor ist gering. Die Technologie der Zukunft wird wieder in der realen Welt Einzug halten und betrifft Bereiche wie Transport, Logistik, Gesundheitswesen oder Landwirtschaft. Vereinfacht gesagt: Wenn du die Idee für ein soziales Netzwerk und eine für ein A. I.-Logistik-Netzwerk hast – mach Zweiteres. (Was nicht heißt, dass Ideen in den erstgenannten Bereichen – gerade im lokalen Bereich – nicht erfolgreich sein können.)

Man muss sich daher immer fragen: Mache ich ein Produkt, das andere gerne haben könnten. Oder mache ich dieses Produkt, weil ich es gerne hätte. Und wenn ich es schon mache, weil ich es gerne hätte: Gibt es einen Markt dafür? Gibt es beispielsweise ein Problem, für dessen Lösung dein Produkt sorgt? Dann ist die Wahrscheinlichkeit hoch, dass das Produkt seinen Platz finden wird. Der Markt hat meistens Recht und es ist wichtig, nah an ihm dran zu sein. Man muss Händler befragen, Großhändler befragen, Endverbraucher befragen. Auch Marktstudien machen Sinn, um seine Nische zu finden und das Wachstum für die nahe Zukunft abzusehen. Das Geschäftsmodell muss quantifizierbar sein.

Ein Problem für Gründer ist, dass die Start-up-Szene schnelllebig und die Konkurrenz extrem hart geworden ist. Es ist noch nie so einfach wie heute, ein Start-up zu gründen, gleichzeitig ist es umso schwieriger geworden, mit der Gründung erfolgreich zu sein. Du kannst ein Hammerprodukt haben, aber wenn jemand anderes ein ähnliches Produkt hat, aber besser finanziert ist und ein halbes Jahr Vorsprung hat, wird es schwierig, sich zu behaupten. Das trifft gerade auf den Software-Bereich zu. Wie meinte daher auch Bill Gates auf die Frage, vor welchem Konkurrenten er am meisten Angst hätte: »Vor zwei Typen in einer Garage.« (Altos 2010).

Ich hatte im Fall meines Start-ups vielmehr das Zitat von Henry Ford zweckentfremdet: »Wenn ich damals die Leute gefragt hätte, was sie brauchen, hätten sie gesagt: schnellere Pferde.« – Liest sich super und ist genau das, was man hören will, wenn man auf niemanden hören will.

Wir wollten den Menschen das Produkt geben, von dem sie noch nicht wussten, dass sie es brauchten. Nur war unser Produkt keine technische Innovation, die den Menschen über viele Jahrzehnte das Leben erleichtert, was sich aber nur noch niemand so richtig vorstellen konnte. Wir hatten ein reines Luxusgut in einem Segment, das von einigen starken Konkurrenten beherrscht wurde, und die Nachfrage ging dann auch noch ganz woanders hin.

Es war – kurzum – keine wirklich gute Idee.

Wie du gegen die Wand fährst:
- Du denkst bereits bei der Gründung an einen schnellen Exit.
- Du verstehst dein Produkt als reine Selbstverwirklichung, weil du es selbst haben willst – aber nicht darauf achtest, was der Markt will
- Das Motto »Menschen wissen nicht, was sie wollen, bis man es ihnen zeigt« ist dein Hauptcredo. Feedback, Recherche und Marktforschung ignorierst du.
- Du verlässt dich stumpf auf deine erste Idee und hast keinen Fallback-Plan oder keine offenen Augen für ein Plan-B-Produkt.

Was sind die Konsequenzen:
- Dein Blick auf den schnellen Exit lässt dich schnell verzagen, wenn es ernst wird, weil dich der Exit mehr interessiert als dein Unternehmen.
- Du produzierst dein Produkt, das du gerne anblickst und dir in die Vitrine zu Hause stellst – wo du es aber bald palettenweise stehen hast, weil es niemand anderen interessiert.

Andere Produkte, ähnliche Produkte, bereits gescheiterte Produkte oder Produkte, die dir weit voraus sind, kennst du gar nicht; du bist zum Scheitern verurteilt.
- Dein fehlendes Marktverständnis und deine fehlenden Handlungsoptionen (Plan-B, Alternativprodukt etc.) kosten dich am Ende alles.

Wie du die Wand umfährst:

- Gründe das Unternehmen, das du nie verkaufen möchtest.
- Entwickle dein Produkt für andere, frage dich: Gibt es ein Problem, für dessen Lösung das Produkt sorgt? Das ist eine gute Voraussetzung für den Erfolg.
- Marktforschung, Recherche, Feedback: Befrage Händler, Großhändler, Endverbraucher, Unternehmen. Lies Reports und Branchenanalysen und stehe nicht über offensichtlichen Fakten.
- Arbeite einen Fallback-Plan aus, also ein Two-Target-Konzept: Plan A ist der Favorit, aber habe auch einen Plan B in der Tasche oder lerne entlang des Weges und handle schnell, wenn es geboten und möglich ist.

Kapitel 3

Der Businessplan

Der Businessplan ist für die Katz. Nein. Ist er nicht. Er ist eher ein Hund.

Ich bin in Bayern aufgewachsen und in einer katholischen Gegend wie dieser kommt man in jungen Jahren um ein paar kirchliche Bräuche und Gepflogenheiten nicht herum.

Eine davon ist der Beichtstuhl, in den schon in der Grundschule regelmäßig beordert wird, um seine Sünden zu gestehen. Als Kind stehst du dann unter der hohen Kuppel der Kirche vor diesem knarrenden Holzkasten, schiebst den Vorhang zur Seite und versuchst durch das vergitterte Fenster einen Blick auf den Priester zu erhaschen, natürlich ohne dir das anmerken zu lassen. Die Situation ist ein bisschen unheimlich, weil du den Pfarrer ja kennst, vielleicht unterrichtet er dich sogar in Religion, aber jetzt sitzt er auf der anderen Seite, atmet ein bisschen schwer und geheimnisvoll und murmelt andächtige Wörter auf Lateinisch – und dann musst du deine Sprüche aufsagen. Beichten. Deine Sünden gestehen. Das, was du in deinem jungen Leben falsch gemacht hast.

Aber ganz ehrlich: Dir erscheint nichts wie eine Sünde. Das bisschen Kloppen am Schulhof? Der geklaute Lolli? Ist doch Spaß, keine Sünde. Also erfindest du ein paar moralische Vergehen, denn das wird schließlich von dir erwartet. Du hast ja gelernt, was als Sünde gilt, also zählst du ein paar Dinge auf – gerade so viel, dass du mit einem Vater Unser als Bußgebet entlassen wirst. Aber nie so viel, dass der Pfarrer Schnappatmung bekommt und den Exorzisten bestellen will.

Warum ich das im Zusammenhang mit einem Businessplan erwähne? Weil der Businessplan für den Gründer eines Start-ups ähnlich funktioniert und dieser »sakrale« Vergleich hilft vielleicht, die Moral der Geschichte leichter zu verinnerlichen. Auch bei einem Businessplan musst du alle paar Monate die Beichte ablegen, in Form von Zahlen, Fakten und Prognosen. Dabei liegt es aber immer an dir, welche Version du erzählst: ob du die Wahrheit erzählst, ob du die Wahrheit leicht zu deinem Vorteil anpasst – oder ob du deine Wahrheit schlichtweg erfindest, um vor Gott und dem Pfarrer – also in diesem Fall vermutlich Investoren und Geldgebern – besser dazustehen.

3.1 Der Businessplan, ein Auslaufmodell?

Fakt ist: Es gibt Stimmen, die sagen, dass es einen Businessplan nicht braucht. Nicht mehr. Er sei ein schwerfälliges Relikt einer überholten Wirtschaftsmethodik und für agile Start-ups, die nach anderen Regeln agieren als herkömmliche Unternehmen, nicht mehr relevant, da ohnehin nicht planbar. Für eine Existenzgründung eines Start-ups reiche ein einfaches Businessmodell völlig aus, auf drei Seiten hingekritzelt wie der geniale Entwurf eines Designers auf einer Serviette. Die Wochen – und in vielen Fällen Monate –, die man in die Entwicklung, Erstellung und Überprüfung eines Businessplans steckt, seien vergebene Liebesmühe und verschwendete Zeit.

Die Faktoren, die diese Theorie unterstützen, sind auch nicht ganz von der Hand zu weisen. In diesem Zeitraum, in dem man akribisch Daten und Zahlen zusammenträgt und sich den Kopf zerbricht, was alles in der Theorie eintreten könnte, kann man seine Idee bereits in der Wirklichkeit überprüfen. Man könnte Reaktionen auf sein Produkt einholen – der Markt hat schließlich immer Recht – oder im Idealfall sogar schon Geld damit verdient haben.

Das schlagkräftigste Argument, das gegen einen Businessplan spricht: Investoren achten weniger auf die dicke, mit goldgestanztem Logo versehene Mappe, die man ihnen auf den Tisch legt. Sie beurteilen vielmehr die Kraft der Idee und die Persönlichkeit der Gründer (was vor allem für private Business Angels oder Venture-Capital-Investoren gilt und vielleicht weniger für den Sachbearbeiter der Dorfbank, der immerhin noch einen Funken mehr Respekt für einen Businessplan hat). Es stehen weniger im Mittelpunkt: die Zahlen auf zwei Nachkommastellen berechnet. Vor allem beim Modell des Lean Startups kommt dieser Gedanke zum Tragen. Bei diesem Modell geht es darum, so schnell wie möglich einen Prototyp des Produkts oder eine Beta-Version der entwickelten Software auf den Markt zu bringen, und diese dann anhand des Kundenfeedbacks zu optimieren. Damit soll vermieden werden, sich zu lange den Kopf über den perfekten Zeitpunkt eines Launchs zu zerbrechen, sondern loszulegen – und zu adaptieren.

3.2 Der Businessplan, ein Wing(wo)man

Alles richtig, oder zumindest nicht falsch. Ich bin trotzdem ein Freund des Businessplans und so geht es auch den meisten, mit denen ich mich unterhalten habe. Gerade was die ersten Monate betrifft, ist er ein unerlässlicher Kompass. Seine Erstellung gibt dir einen Rundum-Einblick in das, worauf du dich einlässt, vor allem wenn es deine erste Gründung ist. Er ist ein Navi für das unbekannte Land, in das du aufbrechen willst. Ein Businessplan macht dir nicht nur klar, wie hoch deine Einnahmen sein müssen und wie hoch deine Ausgaben sein dürfen – das ist BWL-Erstsemester. Seine Wichtigkeit liegt vielmehr darin, eine Art Wingman zu sein. Der Plan verdeutlicht, wie es auf dem Marktsegment aussieht, auf den du gerade die Jetons deiner Zukunft schiebst. Er ist das Back-up, das du immer im Hinterkopf hast, und somit eine mentale Vorbereitung auf die Herausforderungen, die bei den alltäglichen Verhandlungen auf einen Gründer zukommen. Die wichtigen Zahlen und Mechanismen zu kennen hilft dabei, nicht aus dem Sattel geworfen zu werden, und erlaubt es, auf (Un-)Vorhergesehenes zu reagieren. Der Businessplan ist die dutzendfach durchgespielte Probe samt emotionaler Generalprobe, die einen stärkt, vor das Publikum zu treten. Außerdem: Manche Investoren blättern vielleicht nicht über Seite drei deiner dicken Mappe mit goldgestanztem Logo hinaus, aber sie erkennen an ihr zumindest die Ernsthaftigkeit und Akribie deines Charakters. Vielleicht ist er also doch das entscheidende Zünglein an der Waage.

Unser Businessplan hatte in seiner umfangreichsten Version 50 Seiten. Hätten es ein paar Seiten weniger auch getan? Vermutlich. Sicher sogar. Hat es genervt, den Businessplan zu schreiben, immer und immer wieder? Absolut! Aber wir wollten nichts dem Zufall überlassen und dass ein Businessplan unverzichtbar ist, war mir eben noch aus dem Studium bewusst. Wir hatten uns für die Entwicklung unseres Plans genau in der Szene umgehört und mit Branchenkennern gesprochen, hatten Wachstumsraten der Branche antizipiert und unsere Zahlen und Annahmen von Experten und Steuerberatern überprüfen lassen. Die Planrechnungen waren bis auf 10 Cent genau, alle Angebote nach Rücksprache mit dem Handel abgestimmt. Jeder Aspekt unserer Edelspirituose war eingeplant, von den Einzelkosten des Holzgriffkorkens bis hin zu dessen anteilsmäßigem Recyclingbeitrag bei der Flaschenentsorgung. Selbst optisch hatten wir ihn ansprechend gestaltet, das Auge investiert schließlich mit.

Gebraucht habe ich ihn für ein erfolgreiches Investment von Investoren, die tatsächlich Geld zugeschossen haben, nur einmal. Man könnte daher sagen: Und dafür der ganze Aufwand? Noch immer sage ich: Ja. Ich habe ihn schließlich immer wieder zu Rate gezogen, um für uns selbst sicher zu sein. Die Realität zu kennen, kann manchmal verunsichern und einem ein banges Gefühl geben – aber nicht so sehr, wie wenn man als Lügner antritt. Ich rate niemandem, ein Geschäft mit bewusst falschen oder zu geschönten Zahlen in die Welt zu setzen, denn dieser Trug holt einen früher oder später ein. Wenn man weiß, dass man mit Blasen agiert, wird man auch dementsprechend auftreten – und schnell selbst zu einer.

Die Kosten eines Start-ups lassen sich auch meistens relativ gut abschätzen, Miete, Grundkosten, Materialausgaben sind relativ verlässlich planbar. Was man logischerweise weniger gut vorhersagen kann, ist, wie das Produkt am Ende tatsächlich angenommen wird, also die Einnahmen und die Konversion der Marketingausgaben in verdiente Euronen. In unserem Fall war die prognostizierte Entwicklung im Plan falsch, aber nicht von den Zahlenmechanismen her, sondern aufgrund der Tatsache, dass wir Umsätze prognostizierten, die nicht eingetreten sind – womit wir im Übrigen weniger die Ausnahme im Start-up-Bereich waren, sondern die Regel. Die meisten Start-ups überschätzen ihre Einnahmen im Businessplan. Zurückzuführen ist dieser Umstand zumeist weniger auf ein Lügnerpotenzial im Charakterprofil eines Gründers, sondern er ist vielmehr der Gründungseuphorie selbst geschuldet. Den übertriebenen Zahlen liegt schlichtweg das zugrunde, was man braucht, um in das Abenteuer aufzubrechen: Enthusiasmus, Optimismus, Glaube, der Drive. Wie soll man auch klar sehen, wenn man gerade die Rakete startet?!

Tritt nun aber der Fall ein, dass die Zahlen auf der Haben-Seite nicht die gewünschte Fahrt aufnehmen, braucht man rasch neue finanzielle Mittel, um dieses Manko aufzufangen. Das kann wiederum einen Teufelskreislauf in Gang setzen: Man verwendet die Zeit und Energie, die man eigentlich für das Geschäft und das Produkt aufwenden sollte, für Geldakquise. Das ist schön, wenn es klappt, hat aber auch häufig zur Folge, dass der Gründer in Folge vielleicht noch weniger Anteile von seinem Start-up hat. Da der Gründer in der Regel keine oder nur sehr begrenzt finanzielle Ressourcen hat, um an weiteren Kapitalerhöhungen teilzunehmen, kann er seine Quote nicht halten. So erhalten Investoren bei erneutem Zuschuss prozentual mehr Beteiligung am Unternehmen, während der Anteil des Gründers schrumpft oder »verwässert«. Das ist vielleicht dann gut, wenn du einem großen Investor 30 % für 2,5 Mio. Euro angedreht hast, aber weder schön noch motivierend, wenn du merkst, dass die 100 000 Euro aus der ersten Runde weg sind und du noch nicht annähernd am Ziel bist. Dann geht es in die schmerzlichen Runden des Fundraisings.

3.3 Achte auf den Cashflow!

Aber zurück zu den prognostizierten Einnahmen: Wenn das Geld am oberen Ende nicht ankommt, braucht man auch nicht viel mehr als Erstsemester-BWL, um zu wissen, dass man unter dem Strich Probleme bekommt, wenn die Fixkosten Monat für Monat vom Konto abgehen. Das Unternehmen erlahmt. Eine Möglichkeit, hier von Beginn an entgegenzuwirken, ist ein einfacher Trick, mit dem man sich selbst einem kleinen »Stresstest« unterzieht. Er funktioniert ein bisschen so, wie wenn man die Uhr fünf Minuten vorstellt, wenn man notorisch zu spät kommt. Man kann die errechneten Umsatzzahlen z. B. in einem Szenario mit einem «Unsicherheitsfaktor« multiplizieren, beispielsweise mal 0,75 (also 25 % Abschlag, was etwa dafür stehen kann, dass der Handelspartner mit harten Bandagen deine Preise rasiert), oder einen Aufschlag auf die geplanten Kosten (z. B. auch 25 %) vornehmen bei gleichbleibendem Umsatz oder Preis-Mengen-Gerüst; oder eine Kombination aus beidem. Im Grunde also praktisch die Faustregel »Erwartete Zahlen minus Gründer-Rosarote-Brille = Realität«. So kommt man den Zahlen und vor allem der Wirklichkeit näher, denn fast immer dauert alles länger als geplant und kostet mehr als gedacht. Der

Nachteil dieses Tricks: Man hat ihn selbst angewandt, also sagt man sich selbst: Nicht so schlimm, ein Viertel kommt ja noch dazu. Leute, die ihre Uhren vorstellen, kommen schließlich trotzdem meistens zu spät.

Da diese Prognosen also immer unsicher sind, muss man vor allem eine Größe laufend sicher im Auge haben: den Cashflow. Dein Start-up muss liquide bleiben, um zu überleben, das ist die wichtigste Regel. Wer von Anfang an auf ein hohes, persönliches Einkommen pocht und hofft, sollte ein Start-up gar nicht erst gründen. Der Wert eines Start-ups ermittelt sich in seinem Potenzial und seinem Wachstum nach dem Proof of Concept. Seine Rechnungen muss es aber trotzdem zahlen können!

Nun liegt es meist in der Natur eines Start-ups, ein Produkt zu haben, das man noch nicht gleich verkaufen kann, zumindest nicht in der ersten Zeit. Nichtsdestotrotz gibt es einen Unterschied, ob die ersten Rückflüsse nach einem, zwei oder fünf Jahren geplant werden. Daher empfehlen viele Experten, einen Warmstart hinzulegen, also mit einem Produkt auf den Markt zu kommen, mit dem sich relativ schnell Einnahmen erzielen lassen. Es mag fast zu einfach klingen, es zu sagen, aber viele vergessen das in ihrer Euphorie: Man muss sich Gedanken über die Einnahmequelle durch Kunden machen, nicht nur durch Investoren. Wie viele Absatzmöglichkeiten oder -kanäle zur Generierung von Einnahmen habe ich? Eine, zwei, fünf? In unserem Fall waren es vier: online, auf Messen, im Handel – und ich eröffnete mit meiner Frau noch eine Bar in Regensburg, wo ich den eigenen Wodka mit der aufkommenden Cocktailkultur pushen konnte. Man muss sich fragen: Kann ich das Produkt einzeln oder nur im Set verkaufen? An Privatpersonen und Unternehmen – oder nur Unternehmen? Und sind diese Unternehmen privat oder staatlich? Welche Schritte habe ich vor mir, bis ich dieses Produkt erstmals verkaufen kann, und wie lange werden sie dauern? Zeit ist Geld, und zur Erinnerung: Mit

29 % ist das flott formulierte »Running Out of Cash« der zweitmeiste Grund, weswegen Start-ups aufgeben müssen (CBInsights 2019).

3.4 Businessplan immer wieder überprüfen

Unser Produkt war im wahrsten Sinne des Wortes »klar«. Wir hatten keine neuartige Software entwickelt, deren Anwendung und Sinnhaftigkeit in mühevollen Präsentationsrunden erklärt werden musste. Unser Produkt war Schnaps in einer Flasche, die wir an den Mann und die Frau bringen mussten. Eine Flasche sieht man, eine Flasche kann man anfassen, den Inhalt kann man trinken. Easy und leicht zu verstehen. Es handelte sich also um eine Art soften Warmstart. Entwicklung und Businessplan hatten Zeit benötigt, andererseits hatten wir wenige Wochen nach Zusage der ersten Finanzierung die Lieferung in Form von Ware und Verpackung vor der Tür stehen. Noch am gleichen Tag etikettierten wir die ersten 300 Flaschen per Hand im Keller. Damit gingen wir abends in die Restaurants und Bars sowie auch auf Kochevents mit jungen, unkonventionellen Köchen, zu denen unser Wodka passte. Die ersten Flaschen waren schnell vergriffen und man kann sich unsere Gedanken vielleicht vorstellen: »Wer soll uns jetzt noch aufhalten?«

Wir hatten also rasch einen passablen Rückfluss an finanziellen Mitteln, nichts zum Welterobern, aber zumindest um sich so zu fühlen, dass sich das Produkt gut verkaufen lässt. In den ersten Wochen waren wir mit den Zahlen der Verkäufe sogar über dem geplanten Soll und wir dachten, dass es so weitergehen wird. In dieser Euphorie passt man den Businessplan gerne an. Wenn diese Zahlen dann wieder schrumpfen, tut man dies weniger gerne. Bei schlechter Entwicklung bekommt nämlich auch die Gründungseuphorie rasch Schlagseite. Wir adaptierten unseren Businessplan zu Beginn im Schnitt alle acht Wochen und auch wenn das nicht immer notwendig war, hilft es, einen Überblick zu bewahren und sich sicher zu fühlen auf dem Parkett, auf dem man sich bewegt. Irgendwann hat man die Zahlen verinnerlicht und steckt bereits so im geschäftlichen Alltag, dass man den Businessplan nicht mehr braucht – und, ehrlicherweise, auch nicht mehr sehen kann.

Aber das ist bei einem Beichtstuhl ja ähnlich.

Wie du gegen die Wand fährst:
- Du verzichtest auf einen Businessplan und hast kein Gespür für das, was dich erwartet: im Geschäft, in den Verhandlungen und welche Mechanismen in deinem Business interagieren.
- Du überschätzt Einnahmen.
- Du unterschätzt Kosten.
- Du rechnest dir bewusst Dinge schön und machst keine Stresstests.
- Deine Cashflow-Rechnung ist nicht belastbar.

Was sind die Konsequenzen:
- Investoren ziehen dich über den Tisch bei Verhandlungen, indem sie dir zu wenig Geld für zu viele Anteile anbieten, vielleicht nicht nur einmal.
- Verhandlungspartner ziehen dich über den Tisch, weil sie dich im Preis drücken können und du nicht merkst, wo die Schmerzgrenze liegt.
- Wenn die Einnahmen ausbleiben oder später kommen, weißt du nicht, wie du reagieren sollst.
- Wenn die Kosten höher werden als gedacht, wirst du merken, das mit dem Preis hochzugehen schwerer ist, als anders herum.

- Schöne Zahlen und der Verzicht auf Stresstests blenden dich in dem, was du machst – und die Wahrheit trifft dich dann unvorbereitet.
- »Cash is King« und wenn du nach der ersten Runde neuen brauchst, werden die Anteile, die du abgeben musst, mehr – während das Geld, das du dafür bekommst, weniger wird.

Wie du die Wand umfährst:

- Erstelle einen Businessplan und lasse ihn prüfen von Leuten, die die kritischen Fragen stellen (Banken, Investoren, andere Gründer, Steuerberater etc.). Nimm das Feedback ernst.
- Denke daran: »Meist ist es teurer als du denkst und dauert länger als du planst.« Alles andere ist die Ausnahme.
- Rechne nicht schön, rechne mal schlecht, z. B.: Schlage 25 % vom Umsatz ab und schaue, was passiert; schlage 25 % auf die Kosten drauf und schaue nochmal; schlage Umsatz ab und Kosten auf und schaue wieder.
- Cashflow, Cashflow, Cashflow!!! Überlege dir primär, wie du an Geld von Kunden kommst und dann, wie viel du von Investoren dazu brauchst, nicht umgekehrt.

Kapitel 4

Die Finanzie-
rungsformen

Einem geschenkten Gaul
guckt man nicht ins Maul.
Oh doch. Denn niemand
schenkt dir was.

Also fassen wir kurz zusammen, was bisher geschah. Der Wille: stark. Die Idee: klar. Der Businessplan: da. Das Geld: fehlt.

Noch. Jetzt also muss der Cash her, um aus der Start-up-Idee wirklich ein Start-up-Unternehmen zu machen. Man könnte auch sagen: Jetzt beginnt das Spiel erst richtig. Zuvor war alles Aufwärmen. Denn mit der Suche nach Finanzierung überprüft man seine Idee auch tatsächlich an der Realität. Niemand sagt dir ehrlicher, was sie von deiner Idee halten, als Menschen, die ihr Erspartes in dich investieren und beurteilen sollen, ob die Chance besteht, mehr zurückzubekommen, als sie reingesteckt haben.

4.1 Bootstrapping

Die einfachste Finanzierungsmethode ist praktisch hausgemacht. Da viele Start-ups von Freunden und in kleinen Teams gegründet werden (dazu auch mehr in Kapitel 8), sieht die Kapitalbeschaffung zu Beginn ein bisschen so aus wie ein Frühstück in der Bäckerei um sechs Uhr morgens nach dem Club: Alle drehen die Hosentaschen nach außen und legen auf den Tisch, was da ist. Dann wird bestellt. Start-ups nennen das *Bootstrapping*. Ein *Bootstrap* ist ein Stiefelriemen, und warum damit eine Gründung mit eigenen Finanzen gemeint ist, hat einen deutschen Ursprung: Es geht auf Münchhausen zurück, der sich in einer seiner berühmten Anekdoten am eigenen Schopf aus dem Sumpf gezogen haben will. In der Luftfahrt steht das Wort *Bootstrap* für einen selbsterzeugenden Kreislauf und das trifft es auch schon eher, womit wir es zu tun haben. Schließlich geht es darum, ein Start-up mit eigenen Mitteln zum Laufen zu bringen, ins Trockene zu hieven. Einen Unterschied zum gemeinsamen Frühstück nach dem Club gibt es beim Bootstrapping aber doch: Während dort alle die gleichen Anteile Pizza oder Rührei in sich reinschaufeln, wird diese

Parität bei einem Unternehmen nicht funktionieren. Wenn ein Partner 60 % des Kapitals einbringt und die anderen beiden Partner jeweils 20 %, sollte sich das auch in der Anteilsstruktur auswirken.

In unserem Fall fielen aus unseren umgedrehten Hosentaschen 15 000 Euro, die mein Mitgründer und ich als Fifty-One-Forty-Nine-Partner als Startkapital einbrachten. Damit entwickelten wir Namen und Logo der Marke und bezahlten die allfälligen Gebühren bis wir ein erstes Produkt in Händen hatten, das wir auch in kleiner Auflage schon verkaufen konnten. Einen Partner, der die Spirituose im Auftrag produzierte, hatten wir bereits. Die überwältigende Mehrheit deutscher Start-ups gründet sich übrigens mit Eigenkapital. Der *Deutsche Start-up Monitor (DSM) 2018*, einer seit 2013 jährlich durchgeführten Studie des *Bundesverband Deutsche Startups e. V.*, zeigt auf, dass die eigenen Ersparnisse die wichtigste Finanzierungsquelle (80,4 %) bleiben, wobei über ein Drittel (35,2 %) der Unternehmen alternativ oder zusätzlich auf staatliche Fördermittel zurückgreifen und knapp ein Drittel (31,3 %) sich Geld bei Familie oder Freunden leihen (Kollmann u. a. 2018).

Letzteres firmiert in der Branche unter dem Schlagwort *Family, Friends & Fools*, bezeichnet also das familiäre und engere Umfeld der Gründer, das diese mit Geld ausstattet. Auch als *Love Money* bekannt (im Gegensatz zum *Smart Money* professioneller Investoren), sind es Freunde und Familie, die an die Idee und das Start-up glauben – oder einfach nur dem Sohn, der Nichte oder den Großenkeln einen monetären Gefallen tun wollen.

Die Vorteile von Bootstrapping für die Gründer sind Unabhängigkeit und alleiniger Besitz des Start-ups. Auf die »Family, Friends & Fools«-Finanzierung habe ich trotzdem verzichtet, aus ähnlichen Gründen, warum ich auch abrate, Mitarbeiter aus dem familiären Umfeld (siehe Kapitel 10) zu beschäftigen: Die Erwartungshaltung ist zu hoch, weil das Ergebnis zu niedrig. Macht keinen Sinn? Doch. Zuerst heißt es nämlich zumeist: »Mach mit dem Geld, was du willst, ist deine Sache.« Und dann ist Tante oder Onkel doch sauer, wenn der kleine Batzen weg ist – und der faule Neffe oder die sorglose Nichte am Sonntagnachmittag im Freibad liegt (nach mehreren Monaten voller 70-Stunden-Wochen). Im Gegenzug dazu kann rasch Feuer unterm Dach sein, wenn das Unternehmen erfolgreich ist und nicht die Hälfte des Gewinns sofort ins Familienalbum geklebt wird. Wer also Geld von *Family, Friends & Fools* eintreibt, sollte klare Rahmenvereinbarungen machen und Absprachen treffen, ob und wie diese Zuwendungen rückerstattet werden müssen. Vielleicht muss das Geld ja wirklich nicht zurückgezahlt werden, vielleicht trauen es sich die Betroffenen aber bloß nicht direkt auszusprechen. Wenn meine Großmutter dreimal den Kuchen verneint, den ich ihr anbiete, ist sie sauer, weil man kein viertes Mal gefragt hat. Klingt ein bisschen Old School, ich weiß aber, was *Love Money* heißt, ist eben selten rational.

4.2 Don't take the money and run: Bankkredit

Alles andere als *Love Money* ist hingegen eine weitere Form der Kapitalgewinnung: der Bankkredit. Ich habe dazu eine sehr klare Haltung, so klar, dass ich ihr ein eigenständiges Kapitel widmen werde (Kapitel 6). Daher an dieser Stelle nur kurz: Ein Bankkredit ist eher *Hate Money*. Kredite sind ein Klassiker der Finanzierung, die Bank lässt einem dabei aber auch ordentlich die Hosen runter. Laut *DSM 2018* griffen lediglich 12,2 % der befragten Start-ups auf ein Bankdarlehen (im Jahr zuvor noch 14,1 %) zurück (Kollmann u. a. 2018), während die Studie *Start-up Unternehmen in Deutschland 2018* des Beratungsunternehmens PwC darlegt, dass Kredite über eine Bank oder andere Anbieter zu 56 % das Gründungskapital decken (PwC 2018). Das sind ein wenig konträre Zahlen, aber Fakt ist, dass der Bankkredit in Deutschland nach wie vor eine Art Kulturgut ist und der erste, intuitive Gedanke, wenn man an Finanzierung denkt. Das sollte er aber nicht sein.

4.3 Take the money and surf: Crowdfunding

Auf und mit der Crowd surfen, auch das ist möglich und längst eine bekannte Größe. Portale wie *Kickstarter, startnext oder Conda* waren vielmehr selbst Inkubatoren für die Start-up-Industrie, weil sie einer breiten, durchschnittlich Start-up-interessierten Öffentlichkeit die Idee einer simplen und direkten Unterstützung vermittelten: einfach per Knopfdruck.

Crowdfunding (hier mal als Oberbegriff) wird häufig schon in der Pre-Seed-Phase betrieben, da die so generierten Einnahmen erst zur eigentlichen Entscheidung der Unternehmensgründung führen sollen. Auch hier liegen die Vorteile auf der Hand: Das Start-up gewinnt Eigenkapital bei gleichbleibender Unabhängigkeit, zusätzlich bekommt man unmittelbares, erstes Feedback, betreibt gewissermaßen Marktforschung und Finanzierung in einem. Dabei gibt es, grob abgegrenzt, fünf Varianten:
– *Crowdfunding:* Das Produkt wird über die Crowd quasi schon verkauft, bevor es existiert. Die »Investoren« sind im Endeffekt keine Investoren, sondern Kunden und die eingenommenen Mittel sind vorfinanzierter Umsatz, also generierte Einnahmen. Zum verkauften Produkt gibt es meist noch kleine Extras dazu, wie z. B. Upgrades, oder für große Summen bspw. »Meet the Founders«, eine Werksführung etc.

- *Crowdinvesting*: Dafür werden in der Regel stille Beteiligungen, Genussrechte oder partiarische Nachrangdarlehen eingeräumt. Soll heißen, die Investoren bekommen nicht direkt Anteile des Unternehmens, sondern Teile des Gewinns und des Unternehmenswerts, haben aber i. d.R. keine Mitspracherechte wie Gesellschafter.
- *Crowdlending*: Das geliehene Geld muss verzinst zurückgezahlt werden, aber es wird ggf. auf Sicherheiten verzichtet, wodurch es eine einfachere Alternative zum Bankkredit darstellt. Die Zinsen sind i. d. R. jedoch deutlich höher als bei der Bank.
- *Donation-based Crowdfunding:* Ist eigentlich nur ein fancy Wort für Spenden sammeln und gerade auch für Non-Profit-Unternehmungen ideal.
- *Reward-based Crowdfunding*: Der Geldgeber bekommt im Gegenzug für seine Unterstützung kleine Gegenleistungen, die ideeller Natur sind, eben Rewards. Häufig handelt es sich um Prototypen der unterstützten Idee. Das ist die gängigste Methode.

Mit Crowdfunding kann man eigentlich nicht verlieren. Wenn man das gesteckte Ziel nicht schafft, hat man keinen Schaden. Dann hat es eben einfach nicht geklappt. Man darf allerdings den zeitlichen Aufwand einer Kampagne nicht unterschätzen. Es gibt mittlerweile viele davon und die Aufmerksamkeitsspanne der Menschen ist gering. Eine Kampagne, die die richtige Mischung aus Eyecatcher, Wow-Effekt und positiver Resonanz erzeugt, schüttelt man nicht so einfach aus dem Ärmel. Wir hatten in der Seed-Stage ebenfalls eine Kampagne auf Kickstarter gestartet, mit einem anvisierten Ziel von 35 000 Euro. Allerdings sind wir gleich mit einem mächtigen Nachteil an den Start gegangen: Unser Produkt war alkoholisch und die Richtlinien von Kickstarter erlauben es nicht, Alkohol für Supporter zur Verfügung zu stellen. Wir haben also eine Reward-based-Crowdfunding-Kampagne gemacht, bloß ohne – wie allgemein üblich – dem tatsächlichen Produkt als Reward.

Dumm gelaufen. Also haben wir alternativ acht unterschiedliche Pakete entwickelt. Das günstigste war für fünf Euro zu haben – dafür gab es einen Sticker mit persönlicher Widmung –, das teuerste für 1000 Euro. Für diese Deluxe-Variante gab es eine »Culinary Oldtimer Tour« in unserem 1972 Pontiac LeMans in ausgewählte Restaurants und Bars in Bayern für bis zu drei Personen inklusive 250 Kilometer und Chauffeur, allerdings exklusive Essen, Getränke oder Hotel. Sprich: Potenzielle Unterstützer hätten uns für ein Wochenende als exklusive Chauffeure bekommen, um sie in Restaurants und Hotels zu fahren, die sie selbst bezahlen mussten. (Es handelte sich ja schließlich um Crowdfunding, nicht Crowdpleasing.)

Nichtsdestotrotz: Wenn man acht Angebote durchkalkuliert, die betreffenden Produkte und Partner organisiert und die Kampagne aufsetzt, sind locker ein paar Wochen weg. Wenn man das gewünschte Finanzierungsziel nicht schafft, schadet es zwar nicht, man kann aber auch nicht mit dem erreichten Teilbetrag rechnen. Dann bekommt man gar nichts. Wir rückten die Tatsache in den Mittelpunkt, dass wir eine regionale Bio-Spirituose produzierten, die es in dieser Form so noch nicht gab. Noch dazu ließen wir unsere Flaschen von einer Behindertenwerkstatt in meiner Geburtsstadt Freyung etikettieren, aber das rührte nur bedingt am kulinarischen und karitativen Gaumen.

Wir kamen auf 1276 Euro.

4.4 Staatliche Fördermittel und Förderkredite

Wie der Name schon sagt, sind staatliche Fördermittel genau das: Gründungskapital vom Staat (oder der EU), das in manchen Programmen nicht mal zurückgezahlt werden muss (Schlagwort: Zuschüsse). Dementsprechend beliebt sind sie und dementsprechend hoch sind der Andrang und der Papierkram. Man sollte dabei genau eruieren, welches der vielen Programme für das eigene Start-up taugt – es hätte beispielsweise wenig Sinn gemacht, sich mit einer Spirituose beim EXIST-Gründungsstipendium zu bewerben, wo der Fokus auf »innovativen technologieorientierten oder wissensbasierten Projekten mit signifikanten Alleinstellungsmerkmalen« liegt. Das richtige Programm zu treffen, schützt also vor verlorener Zeit (dazu gibt es eigene Berater, denn der Förderdschungel ist riesig). Gut ausgearbeitete Businesspläne sind bei Bewerbungen dieser Art unabdinglich.

Förderkredite sind ebenfalls eine Möglichkeit, an Geld zu kommen. Dafür ist meist viel Papier notwendig und auch hier ist ein gut ausgearbeiteter Businessplan ein Muss. Förderkredite funktionieren wie Bankkredite, sind aber manchmal billiger und haben eine längere Rückzahlungsdauer. Wir bekamen nach einem 50 000-EUR-KfW-Förderkredit als erstes Fördermittel noch von der BayBG, der Bayerischen Beteiligungsgesellschaft, weitere 50 000 Euro in Form einer stillen Beteiligung aus EU-Fördermitteln. Dieser hatte keine persönliche Haftung für uns, dafür Zinsen von satten 8 Prozent, zusätzlich gab es eine Erfolgsbeteiligung auf das Jahresergebnis; d. h. 1 % des etwaigen Gewinns des Unternehmens.

4.5 Business Angels und Venture Capital

Auch Fördermöglichkeiten und Finanzierungsquellen durch Inkubatoren, Company Builder und / oder Acceleratoren nehmen an Bedeutung zu, knapp 14 % der deutschen Start-ups greifen darauf zurück. Aber die großen Schlagwörter sind Business Angels und Venture Capital: Hier lauern die großen Summen, die den entscheidenden Boost für das Start-up bringen. Schon das sakrosankte

Wort, der *Angel*, zeigt in gewisser Weise die Verherrlichung und Sehnsucht, die damit verbunden wird. Tatsächlich sind Business Angels keine engelhaften Privatiers, die aus philanthropischen Gründen ihr persönliches Geld investieren, sondern Privatiers, die ihr Geld idealerweise vermehrt sehen wollen. Die Beziehung zwischen Gründer und Business Angel oder VC-Investor ist eine komplexe, die ich im nächsten Kapitel ausführlich behandle.

Es gibt noch die eine oder andere Spielart von Finanzierungen, aber das würde an dieser Stelle den Rahmen sprengen, weswegen ich mich auf die gängigsten konzentriere. Beispielsweise lohnt es sich auch, bei Start-up-Wettbewerben mitzumachen. De facto finanzieren sich auch mehr als drei Viertel der deutschen Start-ups durch Mischfinanzierung, also durch eine Kombination zweier oder mehrerer der genannten Finanzierungsformen. Nur 10 % gründen mit reinem Eigenkapital und nur 13 % mit reiner Fremdfinanzierung. Auch wir hatten Eigenkapital, Bankkredit, Fördermittel und einen Business Angel. Was man dabei aber immer auch berücksichtigen sollte: Es dauert meist Monate, bis das Geld fließt, und drei oder sechs Monate können den Unterschied zwischen Weitermachen und dem weißen Handtuch bedeuten.

4.6 Moment noch ... zum Thema eigenes Gehalt

Idealerweise arbeiten Gründer nicht in zwei Jobs gleichzeitig, in der Realität lässt sich das de facto bei vielen nicht vermeiden. Viele werden erst mal im bisherigen Job weiterarbeiten müssen. Die meisten Unternehmensgründungen erfolgen durch Personen, die über Berufserfahrung verfügen, nur knapp 13 % gründen ein Unternehmen ohne jegliche Berufserfahrung.

Kein Wunder: Zuerst sammelt man Erfahrung im Job und möchte Geld verdienen, später hat man eine Idee, will die Dinge auch anders machen als das Unternehmen, für das man arbeitet. Man wirft aber nicht gleich alles hin, sondern liebäugelt erst mal mit seiner Start-up-Idee und bringt sie »nebenbei« auf Schiene. Auch ich hatte zwei Jobs, das ging eben nicht anders: Die Brötchen kamen durch den Job in der Beratung, die meiste Arbeit hatte ich mit dem Start-up. Zweigleisig zu fahren, bedeutet aber immer auch doppelten Aufwand, wie der Name schon sagt. Das geht leichter, wenn man wie ich noch keine Kinder hat. Man sollte daher bei der Finanzierung darauf achten, dass man genug Kapital einplant für die eigene Arbeit – und vor allem sollte man sich nicht gleich das Premium-Gehalt zahlen.

Ich habe mir anfangs gar nichts vom Start-up ausgezahlt. Nachdem wir die erste Finanzierung hatten, gönnte ich mir eine monatliche Aufwandsentschädigung von 500 Euro, während ich nach wie vor in der Beratung tätig war. In Relation zum Aufwand stand das nicht, denn besagter Aufwandsersatz von 500 Euro verschlang die Hälfte der wöchentlichen Arbeitszeit von teilweise 70–80 Stunden. Nach dem Einstieg unseres Business Angels verzichtete ich dann für neun Monate auf Beratung und konzentrierte mich voll und ganz auf das Start-up. In dieser Zeit zahlte ich mir ein Vollzeitgehalt aus und schaffte einen Firmenwagen an. Das Gehalt lag nach wie vor deutlich unter dem, was als Berater möglich gewesen wäre, aber auf einem normalen Level. Insgesamt betrug die jährliche Belastung für das Start-up durch mich hochgerechnet ca. 55 000 Euro, was man mit »reinen Gehaltskosten« vergleichen kann, die unabhängig von Hotels, Reisen, Benzin etc. anfallen. Im Gegenzug dafür war ich pro Jahr mehr als 70 000 Kilometer im Auto unterwegs, hatte 70- oder 80-Stunden-Wochen und war in den ersten Jahren etwa 15 Wochenenden im Jahr auf Messen. Umgerechnet bedeutet das: Die Mindestlohndebatte als Gründer funktioniert eher wenig.

Was diesen Faktor des Lohns für Gründer angeht, sehe ich jedoch immer wieder, dass VC-Investoren und Business Angels Gründern, die um die 30 Jahre alt sind und/oder sogar schon Kinder haben, vorrechnen, dass sie nur 35 000 Euro Brutto-Jahresgehalt akzeptieren würden. »Wenn ihr mehr braucht, müsst ihr das untereinander abklären«, hieß es tatsächlich mal. Von Angel-Investoren, die es schon geschafft haben (ältere Unternehmer, in etwa Baby-Boomer-Jahrgänge), kommen auch gerne Argumente wie: »Wir haben uns damals überhaupt nichts ausbezahlt.« Ich denke dann nur: Bitte nicht diese Anekdoten! Wir schreiben das Jahr 2019. Die Mieten sind hoch, die Nebenkosten noch höher, Essen kostet etwas und wenn man nicht gerade bei den Eltern wohnt oder diese einen nicht unterstützen können oder auch wollen, dann ist das alles nicht so einfach.

Storys wie »wir haben mit nichts angefangen« sind eine coole Sache, aber wenn das Pauschalweisheiten sind, nerven sie einfach nur. Sie sind schließlich blanker Widerspruch. Auf der einen Seite behaupten Investoren: »Wenn ihr das gut macht, dann verdient ihr mit euren Anteilen ein Vermögen.« Im nächsten Moment aber sagen sie im Hinblick auf ihre eigenen Konditionen und Absicherungen: »Statistisch besteht für uns eine 90 %-ige Ausfallwahrscheinlichkeit.«

Das ist absoluter Doppelstandard. Der Gründer, auch wenn er noch so genial ist, hat immer auch genau das gleiche Risk-of-Failure – und die Gründe dafür liegen nicht immer bei ihr oder ihm, wie die Statistik hergibt. Wenn ein Investor erwartet, dass Gründer, die bereit sind, Familie und Kinder »hinten anzustellen«, sich bei einer Woche mit mehr als 70 Stunden Arbeitszeit für 35 000 Euro brutto krumm machen und am Wochenende Reportings schreiben, hat dieser ein böses Erwachen verdient.

Ich sage: Gönnt dem Zugpferd seinen Urlaub und ein schönes Essen, wenn er sich zerreißt und ohnehin für nichts mehr Zeit hat außer ackern, organisieren und E-Mails schreiben. Denn es kommt der Moment – meist nach zwei bis drei Jahren –, wenn es vielleicht noch nicht ganz so läuft, dass das Gehalt ein wichtiger Motivator bleibt, die Gründer aber die Gegenrechnung aufmachen und sich einen fixen Job suchen.

In der Zeit, als besagte Pioniere »mit nichts angefangen haben«, hat die IT-Industrie auch noch nicht 55 000 Euro brutto für 37,5 Stunden die Woche für Studienabsolventen und Berufseinsteiger gezahlt, bei fünf Wochen Urlaubsanspruch und 13 Monatsgehältern. Der Technisierungsgrad war noch deutlich geringer, so dass man auch leichter beeindrucken konnte. Das Internet war noch ein Scherzartikel und vielleicht hatten ein paar Pioniere auch einfach Glück, in der richtigen Zeit angefangen zu haben. In der gegenwärtigen Lage der (eingestandenen) Konkurrenz den Schneid abzukaufen, verlangt jedoch sehr viel mehr an Einsatz, Willen und Glück, und an diesen Punkt zu kommen dauert entsprechend länger. Also sollten die Leistungsträger wenigstens so bezahlt werden, dass sie keine existenziellen Geldsorgen haben.

Wie du gegen die Wand fährst:
- Du wählst die falsche Finanzierungsform für dein Unternehmen.
- Du holst zu viel Family & Friends ins Boot oder triffst keine klaren Regelungen.
- Du planst zu wenig Zeit für die Suche nach Finanzmitteln ein.
- Du schaffst den Sprung nicht, voll für das Startup zu arbeiten.
- Die Gehaltsfrage passt nicht.

Was sind die Konsequenzen:
- Die falsche Finanzierungsform bringt schnell Ärger:
  - Tilgungsraten setzen zu früh ein.
  - Du stehst mit mehr Geld im Feuer als du hast.
  - Du musst nach Alternativen suchen.
- Wenn du keine Vereinbarungen bei Geld von *Family, Friends & Fools* getroffen hast, kann ein schlechter Geschäftsverlauf private Seilschaften zerreißen.
- Wenn die Mittel knapp sind und du Geld brauchst, aber das am besten von heute auf morgen passieren muss, dann läufst du Gefahr, dass dir die Zeit ausgeht. Das ist riskant und belastet nervlich extrem.
- Der Tanz auf mehreren Hochzeiten laugt aus. Du wirst im Job eher weniger Leistung abliefern und im Startup nicht die erforderliche Leistung aufbringen können.
- Bei einem zu dicken Gründergehalt fehlen diese Mittel dem Start-up. Auch für die Motivation der Mitarbeiter ist es nicht förderlich, wenn der Chef Erste Klasse verreist und Gehaltserhöhungen abwürgt. Bei zu wenig Gehalt verliert man als Gründer vielleicht die Motivation, weiterzumachen, häufig gerade im entscheidenden Moment, wenn das Geschäft schwierig wird und man zusätzliche Energie mobilisieren müsste.

Wie du die Wand umfährst:
- Suche zu Beginn Finanzierungsformen, die die Unabhängigkeit des Start-ups möglichst gewährleisten und am besten zum Vorhaben passen! (B2C- oder Consumer-Produkt → bewirb dich bei Crowdfunding-Plattformen).

- Family, Friends & Fools sollten mit Verträgen abgesichert werden. Wenn nicht, dann nimm dir nur so viel, wie du ihnen im Zweifel zurückzahlen kannst, wenn das Ding an die Wand kracht. Manche Dinge sind nicht mit Geld aufzuwiegen.
- Plane mehrere Monate ein ab dem Zeitpunkt, an dem du auf Finanzmittelsuche gehst. Es dauert, aber diese Zeit ist gut investiert.
- Im Idealfall konzentrierst du dich auf das Start-up (bei der Finanzierung also Gehälter einplanen). Das ist in der Realität oft nicht umsetzbar, zumindest zu Beginn wird das Start-up häufig mit dem »Brotjob« finanziert. Aber versuche, das Start-up so schnell wie möglich Full-time zu machen.
- Von (vor allem älteren) Investoren keine Stories anhören wie: »Wir haben uns damals gar kein Gehalt ausbezahlt.« Wir haben nicht mehr das Jahr 1970. Du sollst als Gründer ein vernünftiges Gehalt haben, aber auch leisten!

Kapitel 5

Business Angels und Venture-Capital-Investoren

> Es prüfe, wer sich
> ewig bindet.
> Oder wenigstens
> auf ein paare Jahre.

Den fatalsten Fehler, der uns unterlief, bereits in Kapitel fünf auf den Tisch packen? Dramaturgen würden sich die Haare raufen. »Das gehört an den Schluss!«, würden sie schreien. »Man verrät auch nicht mitten in der Staffel, wer der Mörder ist!«

Spannung hin oder her: Es ist so. Immerhin sprechen wir hier über Business Angels und Investoren, also eines der spannendsten und kniffeligsten Themen, wenn es um Start-ups geht. Außerdem ist es eine Thematik, die in der Regel eher früher auf den Plan tritt als später. Später kann nämlich in diesem Fall heißen: Der Spaß ist schon wieder vorbei und das Start-up ist bereits wieder Geschichte.

Unser fataler Fehler war, dass wir nicht den Spatz in der Hand wollten, sondern die Taube auf dem Dach. Wir hatten den Spatz bereits in der Hand, ließen ihn aber wieder fliegen. Dann hat sich auch die Taube davongemacht und wir waren pleite.

Aber von vorne.

5.1 Searching for Angels

Business Angels und Venture Capital stehen in der breiten Öffentlichkeit praktisch synonym für die Start-up-Industrie: Es sind die Geldspritzen, die die Gründerwiese zum Blühen bringen. Die Frank Thelens dieser Welt, die nicht nur Geld haben, sondern auch den fiebrigen Gemütszustand kennen, in dem sich jeder Gründer am Anfang seiner Reise befindet: hoffnungsvoll, ehrgeizig und mit diesem Ich-weiß-etwas-was-ihr-nicht-wisst-Leuchten in den Augen. Es sind Gleichgesinnte, die es geschafft haben und sechsstellige Schecks aus der Hüfte schießen, obwohl sie wissen, dass nur eines von zehn Start-ups überleben wird. Kurzum: Es sind die digitalen Visionäre, die zwar Geld machen wollen, aber wissen, dass sie nur Geld machen, wenn sie auch welches verlieren. Wie man selbst, finden sie Bausparverträge so sexy wie René Redzepi aus dem Noma einen McDonalds-Burger.

Business Angels (BA) sind Privatpersonen, während Venture Capital (VC) von Gesellschaften oder Fonds kommt. Ein weiterer Unterschied liegt meist in der Höhe der Beträge und dem Zeitpunkt des jeweiligen Einstiegs in das Start-up. BAs investieren mit meist kleineren Beträgen in der Frühphase der Unternehmung, Zweitere stoßen meist später mit höheren Beträgen hinzu, wenn das Start-up bereits erste Erfolge erzielt hat und höhere Summen für den Weiterbestand bzw. die Expansion notwendig sind. In Deutschland nützt etwa ein Fünftel der Start-ups Business Angels, in den USA investieren Business Angels insgesamt mehr als Venture-Capital-Gesellschaften. Wenn wir wieder den *DSM 2018* als Richtlinie heranziehen, werden dabei unterschiedliche Summen als *Seed-Money* in die Gründerlandschaft gepumpt (Kollmann u. a. 2018). Demnach sammelten 18,4 % der Start-ups Beträge von bis zu 50 000 Euro, knapp jedes Fünfte zwischen 50 000 und 150 000, ein weiteres knappes Fünftel (21,7 %) zwischen 150 000 und 500 000 Euro und 12,5 % wiederum zwischen 500 000 und 1 Million Euro. 26,5 % der Start-ups erhielten über 1 Million Euro, den kleinsten Anteil stellten hohe Summen zwischen 10 und 25 Millionen (2,4 %) und 25 bis 50 Millionen Euro (2,0 %) dar.

In der Regel wird man zu Beginn eher kleinere Summen angehen und die Harpune nicht gleich auf 50-Millionen-Euro-Wale richten. Welche Summe es aber auch immer ist, man muss sich von Anfang an von dem Gedanken der Dankbarkeit frei machen. Der Mensch ist schließlich einfach gestrickt: Jemand gibt dir Geld und du bist dankbar dafür. Man muss sich als Gründer aber sagen: *Business Angels schenken dir nichts. Sie sind keine barmherzigen Samariter und ebenso wenig bist du ein hilfsbedürftiger Patient.* Dankbar darf man trotzdem sein, aber nicht nur. Die Beziehung von Gründer und Investoren ist eine Beziehung von Geben und Nehmen, eine Verbindung auf Augenhöhe. Das soll und muss die Devise sein.

5.2 Der erste Business Angel

In der Realität ist es mit der Augenhöhe vielleicht nicht so weit her, wenn du nach dreißig Absagen endlich dem ersten gegenübersitzt, von dem du ein paar 100 000 Euro haben willst. Du fühlst dich nach einigen Rückschlägen schon nicht mehr wie ein Weltdisruptor, sondern wie ein Staubsaugervertreter. Vielleicht schönst du bereits ein wenig die Prognosen, und die in der Pipeline wartenden Pläne, von denen du sprichst, sind nicht ganz so ausgearbeitet, wie du es darstellst. Weil du nicht wieder dreißig Absagen kassieren willst und nicht weißt, wann du dem nächsten Investor gegenübersitzt. Und du willst nicht wieder googeln.

Denn so ist es nämlich: Deine Suche nach einem Business Angel beginnt so, wie du deinen nächsten Urlaub oder dein nächstes Auto suchst. Man setzt sich vor den Computer und googelt, in diesem Fall die Wörter »Business Angels« und »Deutschland«. Dann landet man ziemlich sicher beim Verband der Business Angels Deutschland (BAND 2019), eine erste Anlaufstelle, die erklärt, wie es funktionieren kann. Man füllt einen Kontaktbogen aus, den sogenannten *One Pager* – praktisch eine Art Exposé –, schickt ihn ins Netzwerk und hofft, dass sich Interessenten melden. (Dabei ist für Investoren auch von Interesse, ob das Start-up für den Zuschuss INVEST in Frage kommt. Wer in junge, innovative Kapitalgesellschaften investiert, erhält vom Bund einen Zuschuss von 20 % seines Investitionsbetrags. Dafür in Frage kommen sogenannte »kleine Unternehmen«, die u. a. nicht älter als sieben Jahre sein dürfen und im Sinne der EU weniger als 50 vollzeitäquivalente Mitarbeiter sowie einen Jahresumsatz oder eine Jahresbilanzsumme von höchstens 10 Mio. € aufweisen dürfen.)

Und so macht man dann einfach weiter. Man verschickt seinen Businessplan an diverse Netzwerke oder reicht ihn bei Wettbewerben ein, wo bei einem möglichen Gewinn Gründungskapital und Unterstützung winken. Dabei sollte man im Hinterkopf behalten, dass die drei Hauptgründe, die Start-ups bei der Kapitalsuche Schwierigkeiten bereiten, fehlendes Verständnis für die Geschäftsidee seitens der Investoren, eine zu kurzfristige Unternehmensplanung und eine suboptimale Qualität des Businessplans sind. Daher sei kurz daran erinnert: wenn schon einen Businessplan machen, dann einen, der so wasserdicht ist wie ein U-Boot.

Fakt ist: Es ist nicht immer einfach, den ersten Wurf zu machen. Es passiert aber auf keinen Fall, wenn man glaubt, vor dem Laptop Stroh zu Gold spinnen zu können. Auch digitale Geschäfte werden immer noch analog gemacht, also persönlich. Man muss mit Menschen in Kontakt treten, darüber sprechen und streuen, dass man einen Investor sucht. Die Studie 2017 *Shake it up – Kooperationen zwischen Mittelstand und Start-ups* von Deloitte befragte Start-ups, wie häufig es auf ihren Seiten zu zufälligen Begegnungen mit mittelständischen Unternehmen kam. Die Antwort: 0 %.

Also gilt auch hier: googeln, Informationen einholen, vernetzen, rausgehen. Manche Universitäten bestreiten Business-Angel-Dinners, Messen sind eine gute Möglichkeit, Information zu streuen und einzuholen. Hier lohnen sich auch Partnerstände mit Start-ups, die etwas Ähnliches machen. Wir haben auf Messen wie z. B. Bits und Pretzels in München oder der Startup-Demo-Night von BayStartup mitgemacht. Man kann auch Augen und Ohren offen halten für Events, für die das Produkt geeignet ist – oder auch für Events, wo es gerade nicht passt und sich dadurch mehr Möglichkeiten bieten, aufzufallen. Vieles passiert über persönliche Kontakte, über Bekannte von Bekannten, hier mal eine E-Mail-Adresse, da mal eine Telefonnummer. Unternehmer kennen Unternehmer. Der eine weiß womöglich, dass ein anderer seine Firma verkauft hat und etwas Neues sucht oder vielleicht auch nur sein Wissen weitergeben will. Letzteres ist ein nicht zu unterschätzender Faktor: Unternehmer fördern gerne Unternehmer, wollen diesen Unternehmerspirit weiterhin in der Gesellschaft verankert sehen. Wir haben auf diese Weise in den ersten Wochen um die 75 Gespräche oder Anfragen gestartet, aber die Absagequote ist dann auch gleich hoch (nicht nur bei uns, sondern auch bei anderen Gründern, mit denen ich gesprochen habe). Manche Investoren wollen reden, investieren wollen letztlich wenige. Aber man muss einfach anfangen und sich nicht auf die Lippen beißen. Sylvester Stallone hatte als junger Schauspieler ein erfolgloses Casting, bei dem er – bereits auf dem Weg hinaus – einer Intuition folgend stehen blieb, sich umdrehte und zu den beiden Produzenten Robert Chartoff und Irwin Winkler meinte, er wäre selbst auch als Autor tätig; er hätte da so eine Idee über einen Boxer am Start, ob das von Interesse wäre? »Wäre ich damals nicht stehen geblieben, hätte es Rocky wohl nicht gegeben und ich wäre heute nicht hier«, meinte er später dazu. »Deswegen rate ich jedem: Nicht aufgeben und nicht aufhören, zu quatschen. Irgendwann triffst du den richtigen Nerv.« (Youtube 2019a).

5.3 Was ist ein richtiger Investor

Die Frage ist in so einem Fall: Wenn du den richtigen Nerv triffst, triffst du auch die richtige Person? Geld alleine ist nämlich nicht alles. Natürlich greifst du wie ein Schiffbrüchiger im letzten Augenblick nach der Holzplanke, bevor du mit deinem Gründergedanken untergehst. Nichtsdestotrotz sollte man sehr genau schauen, ob Gründer und Investoren zueinander passen.

Ich vergleiche diese Beziehung deswegen gerne mit einer Ehe aus dem 18. Jahrhundert. Vor der Romantik war sie eine pragmatische Zweckgemeinschaft statt ein emotionaler Liebesbund. Auf der Seite gab es gut vernetzte Wohlhabende (sprich: Investoren), die sich durch eine Heirat Stabilität und Nachfahren versprachen (sprich: mehr Reichtum), auf der anderen Seite gab es Emporkömmlinge (sprich: Gründer), für die wirtschaftliche Sicherheit und gesellschaftlicher Aufstieg (sprich: die Weltherrschaft) im Vordergrund standen. Beide profitieren. Man beurteilt die eingegangene Beziehung objektiv, ist nicht emotional verblendet und versenkt das Ganze nicht aufgrund verletzter Gefühle und Eifersüchteleien. Der Unterschied: Als Gründer muss man mit seinen Investoren nicht ins Bett steigen (auch wenn Emily Chang in ihrem Buch *Brotopia* ein Bild des Silicon Valley zeichnet, in dem Wagniskapitalgeber zu Sexfeiern einladen, aber das ist ein anderes Thema), was für noch klarere Verhältnisse sorgt. Man sollte lediglich auf den Unterschied von *Smart Money* und *Dumb Money* achten: Ersteres kommt von erfahrenen Investoren, die den Markt kennen und sachlich entscheiden, Zweitere sind Privatanleger, die wenig Erfahrung haben und sich häufig von ihrem Gefühl leiten lassen. »Oftmals, wenn Unternehmer etwas Geld übrig haben, wollen sie »Investor spielen«. Das bringt aber dem Start-up nichts, denn in so einem Fall weiß der Business Angel, der nur als Geldgeber fungiert, gar nicht, welche Aufgabe er hat«, beschreibt der deutsche Pionier Prof. Dr. August-Wilhelm Scheer (2014).

Keine Frage: Diesen Fehler haben wir auch gemacht. Unser erster Business Angel war ein lokaler Unternehmer, der zuvor bereits erfolgreich in ein grünes Start-up investiert hatte. Für seine damalige Investition von

100 000 Euro bekam er bei uns als dritter Gesellschafter 28 % der Anteile am Unternehmen. Er hatte in dem Spirituosensegment, in dem wir tätig waren, keine Erfahrung, aber das Start-up, in das er zuvor investiert hatte, war ein Food-Startup. Wir dachten, diese Kontakte würden helfen: hier essen, da trinken, Vertrieb in den Handel … klingt alles super logisch. Aber die Rechnung ging nicht auf: Das eine Start-up war Healthy Food und wir machten Schnaps – ob nun Bio oder nicht, definitiv nicht gesund. Es kam also nicht zu nennenswerten, hilfreichen Verbindungen, die uns pushen konnten. Aber was schlimmer war: Als wir in Turbulenzen gerieten, kamen weniger konstruktive Vorschläge, wie wir den Kopf aus der Schlinge ziehen konnten. Unser Business Angel reagierte zunächst mit einem weiteren Gesellschafterdarlehen von 30 000 Euro, damit wir noch Luft hatten, was ein absolut feiner Zug war. Als aber auch hier die Luft knapp wurde, weil Umsatzbringer ausblieben, war sein Ideenreichtum schnell erschöpft und alle wurden panisch ob des drohenden Verlusts des Gelds.

Ich möchte hier in keinster Weise den Eindruck vermitteln, nachzutreten oder eine Verantwortung für unser Scheitern abzutreten, denn gerade menschlich haben wir uns sehr gut verstanden. Ich möchte vielmehr die Wichtigkeit der Zusammenarbeit zwischen Gründer und Investoren verdeutlichen. Jeder muss in dieser Verbindung seine Rollen kennen. Gründer sollten nicht nur vom gefluteten Bankkonto träumen, sondern schon vor der Investition festlegen, was sie von einem Investor erwarten und auf welche Weise sie ihn einbinden wollen. Und Investoren sollten sich bewusst sein, dass die Bereitstellung von Geld nicht die wundersame Vermehrung von diesem zur Folge hat. Nichts geht ohne Teamwork.

Der richtige Investor ist nicht automatisch der, der mit dem größten Betrag winkt oder von dem man hofft, dass er sich aus dem Geschäft heraushält. Es gibt einen Unterschied zwischen Einmischen und Einbringen. Man sollte in der Auswahl seiner Partner also nicht nach den Weg des geringsten Widerstands gehen. Und wenn ein Investor schon bei ersten Gesprächen ordentlich nachhakt, zeigt das, dass er sich vermutlich auch danach aktiv in das Geschehen einbringen wird.

5.4 Investoren überprüfen – aber auch auf dem Laufen halten

Ob Sylvester Stallone, der damals 100 Dollar auf dem Konto hatte, seine Produzenten einem Check unterzogen hat, weiß ich nicht. Vermutlich war das nicht der Fall. Sprechen wir aber von Start-ups, ist das eine der größten Nachlässigkeiten, die man machen kann: seine Investoren nicht zu überprüfen (Youtube 2019b).

Man sollte sich ohnehin nicht der Illusion hingeben, dass Investitionen ohne Bedingungen vergeben werden. Kein noch so gutmütiger Engel steckt dir 500 000 Euro zu und entlässt dich mit einem aufmunternden Klaps auf die Schulter. Investoren wollen ihr investiertes Kapital gesichert sehen. Dazu müssen Gründer, wie in unserem Fall, Anteile des Unternehmens abgeben, je nach Vereinbarung oder der Verknüpfung an zu erreichende Meilensteine.

Von daher sollte man gut prüfen, auf wen man sich einlässt. Schließlich verkauft man sich vielleicht an jemanden, der nicht zu den eigenen Plänen passt. Um das herauszufinden, überprüft man am besten, in welche andere Start-ups der Business Angel investiert hat, und hält mit diesen Rücksprache über deren Erfahrungen. Und, again, Google hilft. (So umgeht man auch das Risiko, es mit einem *Business Devil* zu tun zu haben, also mit jemandem, der vorgibt, ein Investor zu sein, in Wahrheit aber betrügerische Absichten verfolgt). Potenzielle Investoren zu überprüfen, ist letztlich eine Pflicht jedes Gründers, genauso wie sich jeder Investor über den oder die Gründer informieren wird. Es zeigt ihm auch, dass du deine Sache ernst nimmst und deine Partnerschaften nicht nur auf Gutgläubigkeit aufbaust; und er wird in weiterer Konsequenz denken, dass du auch deine Geschäfte nicht auf Gutgläubigkeit aufbaust.

Umgekehrt sollten Gründer ihre Investoren nicht nur als anonyme Geldspritzen betrachten und abtauchen wie Jason Bourne, sobald das Geld geflossen ist. Man sollte die Investoren darüber auf dem Laufenden halten, was im Start-up passiert. Man muss sich wieder vor Augen halten: Der Investor investiert vor allem in die Person, also will er auch mit der Person zu tun haben. Dabei sollte man den Fokus nicht immer auf eine Rückschau legen, sondern den Blick nach vorne richten: Was passiert in Zukunft, was wird gemacht, was sind die Pläne, wofür wird das Geld eingesetzt? Und was halten die Investoren davon, wo können sie helfen? Letztendlich zählt bei Business Angels oder Venture-Capital-Investoren über die finanziellen Mittel hinaus die Vernetzung und das Know-how, das sie mit einbringen. Business Angels sollten Geschäftsleute mit guten Verbindungen, Kontakten und Erfahrung sein, Manager von VC-Gesellschaften sind ohnehin spezialisiert auf Start-ups. In beiden Fällen sollten sie nicht nur Kapital zur Verfügung stellen, sondern als Ratgeber für Entscheidungen fungieren, bei denen man selbst auf keine Erfahrung zurückgreifen kann.

5.5 Also, zurück zum Spatz und zur Taube

Was mich zum Anfang dieses Kapitels bringt: wie wir den Spatz in der Hand losließen, um zuzusehen, wie uns auch die Taube davonflog.

Nachdem wir im ersten Jahr 100 000 von unserem ersten Investor (BA1) bekommen hatten (und dieser die bereits erwähnten 28 % am Unternehmen), mussten wir im zweiten Geschäftsjahr auf die Suche nach weiteren Investitionen gehen. Wir fanden einen Business Angel (BA2), der für 100 000 30 % am Unternehmen wollte (was im Umkehrschluss hieß, dass mein Gründungspartner und ich noch weniger Anteile am Unternehmen hatten, aber so ist das, wenn man weitere Geldspritzen aufnimmt). Dieser gab uns eine Anzahlung von 30 000 Euro. Allerdings fühlte sich BA1 aufgrund der 2 %, die BA2 mehr bekommen hatte, benachteiligt. Als wir daraufhin mit einem potenziellen dritten Business Angel (BA3) ins Gespräch kamen, der Interesse signalisierte und uns bessere Konditionen bot als BA2, drängte BA1 auf einen Deal mit BA3 – und auch wir als Gründer fanden BA3 im Gesamtpaket besser und vorteilhafter für uns. Also zahlten wir BA2 seine 30 000 zurück und sagten BA3 zu. Leider kam die Summe von BA3 jedoch zuletzt nicht wie geplant – und wir waren pleite.

Das ist die Kurzversion. Wir hatten den Spatz in der Hand und haben ihn fliegen lassen. Danach machte sich auch die Taube aus dem Staub und unser Start-up war am Ende. So haben uns falsche Entscheidungen in Bezug auf Business Angels letztlich auch das Unternehmen gekostet. Mit der zweiten Investition wäre es nicht zur Liquidation gekommen, sondern wir hätten stattdessen einen Gin entwickelt und die Produktpalette erweitert.

Deswegen war es der fatalste Fehler, den wir gemacht haben. Er verdeutlicht, dass die Entscheidungen, die man treffen muss, alles andere als leicht sind. In der Gründerphase steht ständig alles auf dem Spiel. Darum prüfe, wer sich ewig bindet. Oder wenigstens auf ein paare Jahre.

Wie du gegen die Wand fährst:
- Du denkst, du findest Investoren am Laptop und redest zu wenig.
- Du sprichst die falschen Investoren für dein Vorhaben oder deine Start-up-Phase an.
- Du bist dem Business Angel gegenüber zu »unterwürfig«.
- Du prüfst deine Investoren nicht gründlich und nimmst alles für bare Münze.
- Du kennst nicht den Unterschied zwischen *Smart Money* und *Dumb Money*.
- Du informierst den Investor zu wenig.

Was sind die Konsequenzen:
- Du findest überhaupt keine Investoren oder gehst pleite, weil du verkennst, dass Geschäfte immer noch zwischen Menschen geschlossen werden.
- Ein Later Stage Investor investiert nicht in dein Start-up in der Seed-Phase, auch wenn du thematisch in seinen Fokus passt. Spare dir die Zeit.
- Aufgrund der Dankbarkeit, Geld zu bekommen und weitermachen zu können, lässt du dich auf schlechte Deals ein, gibst zu viel vom Unternehmen ab und bist eigentlich sauer auf den Partner, der dir helfen soll.
- Der Business Angel passt nicht zu dir und du bist enttäuscht, hast zu viele Anteile abgegeben oder wartest auf Hilfe vom Investor, die nicht kommt.
- Du entscheidest dich genau für das Falsche und die Beziehung wird sich als schwierig herausstellen.
- Der Investor weiß zu wenig Bescheid, kommt sich übergangen vor oder kann zu wenig helfen, wenn dies notwendig ist.

Wie du die Wand umfährst:
- Gehe raus und sprich mit Leuten, denn einer kennt den anderen. Wir haben einen Investor kennengelernt, als wir seinen Kontakt nutzen wollten, um an jemand anderen heranzukommen. Just talk.
- Mach dir die Mühe herauszufinden, wer der richtige Ansprechpartner ist, für dich, deine Branche, deine Größe und deine Phase. Man wird es dir danken.
- Ein Investor braucht auch dich, um ein Geschäft zu machen. Es ist keine Einbahnstraße, sondern eine Begegnung auf Augenhöhe; wenn es das nicht ist, lass die Finger davon.
- Prüfe den Investor, biete ihm Anteile an, vielleicht auch leistungsbezogen an seinen Beitrag geknüpft, um herauszufinden, wer am besten zu dir passt.
- Smart Money vor Dumb Money; kenne den Unterschied und denke daran, denn in der Zusammenarbeit zwischen Gründer und Investoren muss jeder seine Rollen kennen.
- Halte den Dialog mit Investoren offen: Ihr seid ein Team und helft euch gegenseitig, wie in einer Ehe. Wenn einer anfängt, Dinge zu verschweigen, wird es irgendwann scheppern.

Kapitel 6

Der Bankkredit

Du brauchst Startkapital? Dann leih dir kein Geld von einer Bank. Sonst schläfst du vielleicht bald auf einer.

Ein ungeschriebenes Gesetz lautet: Liebe endet oft im Desaster. So ähnlich ist auch das Verhältnis von Start-up und Bankkredit.

Warum? Ein Start-up zu gründen, kommt einer Liebe sehr nahe. Du läufst mit rosaroter Brille durch die Gegend, siehst keine Gefahren oder nimmst sie nicht ernst. Du bist von einem absoluten Glauben überzeugt, dass das, was du gerade fühlst, das Richtigste ist, was du jemals getan hast. In deinem Kopf setzen sich alle Zahnräder wunderbar zusammen: das Produkt, die Menschen, die es kaufen, der Zeitgeist, in den es so wunderbar passt aufgrund der Neuartigkeit und des speziellen Twists, den du dem Ganzen mitgibst. Das erfolgreiche Gelingen dieses Bilds, das in deinem Kopf Gestalt annimmt, ist so selbstverständlich wie das Gemälde der Mona Lisa im Louvre.

Du brauchst eben nur dieses bisschen Startkapital, um die Rakete in den Orbit zu schießen, damit sie der Rest der Menschheit sehen und würdigen kann. In der Stratosphäre kann diese Rakete dann von alleine schweben, während du die Scheine zählst und in der Hängematte liegst. So oder so ähnlich denkst du, während du den Businessplan ausarbeitest und davon träumst, was deine Kommilitonen, Kollegen und Freunde denken, wenn sie ein Interview von dir in der brand eins oder auf einem Gründerszene-Blog lesen. Das alles kann gar nicht schief gehen, denkst du.

Alles so bombensicher, dass du eigentlich keine Lust hast, dich mit Business Angels zu treffen. Warum einen Teil dieses todsicheren Unternehmens an jemanden abtreten, den man gar nicht kennt, denkst du, wäre ja schön blöd. Du möchtest nicht in einer Crowdfunding-Kampagne um Geld betteln. Du willst die Rakete bloß starten, denn erfolgreich wird sie sowieso, also ist es auch egal, wo du das Geld herbekommst. »Ich zahle die Kohle ja bald zurück«, geht es dir durch den Kopf. »Also gehe ich mal eben zur Bank und nehme einen Kredit auf.«

Stopp! Denn genau hier solltest du die Hand von der Türklinke nehmen, umdrehen und nochmal genau darüber nachdenken, ob du das wirklich machen solltest. Warum? Weil ein Bankkredit als »Risikokapital« eine sehr zweischneidige Sache ist. Er bringt dich erstmal nach vorn. Wenn du mit null startest, bist du dankbar, wenn dir jemand ein grünes Häkchen hinter den Businessplan macht und du loslegen kannst. Aber dahinter lauern Schlaglöcher, nein, pardon, riesige Fallgruben.

6.1 Die Bank, ein Schönwetterfreund

Eine Bank ist ein Partner, der für bestimmte Zwecke bestimmte Finanzierungsformen anbietet – sie tickt aber ganz anders als ein Gründer. Um es mit den Worten von Mark Twain zu sagen: »Ein Bankier ist ein Mensch, der seinen Schirm verleiht, wenn die Sonne scheint, und ihn sofort zurückhaben will, wenn es zu regnen beginnt.« Übersetzt heißt das: Die Bank will ihren Kredit zurück und interessiert sich weniger für deine Lage als für deine Sicherheiten, die du bieten kannst. Das ist auch ihr gutes Recht, dafür ist sie da. Sie ist kein Wohltäter und braucht vor allem eines: SICHERHEIT. Das gilt übrigens nicht nur für herkömmliche Banken, in die man schon als Kind das Sparschwein getragen hat, sondern auch für moderne Netzvarianten, die ihre Dienste gerne mit Slogans wie »in 48 Stunden zum Kredit« anpreisen. Deine Idee kann über einen längeren Zeitraum funktionieren, aber wenn du nach zwei, drei oder fünf Jahren mit deiner ersten Rate im Rückstand bist, wird dir nicht in einem Anruf gesagt: »Machen Sie sich keine Gedanken. Kommen Sie doch mal auf einen Kaffee vorbei und erklären Sie, was los ist.« Den Kaffee gibt es vielleicht schon, aber den brauchst du, um den Puls von 240 auf 180 runterzubringen, denn diese Gespräche sind Echt-Nicht-Schön. Es fallen Wörter wie Insolvenz(-verschleppung), Offenbarungseid, Geschäftsführersperre etc. und die Menschen, die dir zuvor als Unterstützer deiner Vision erschienen sind, sitzen dir gegenüber wie Totengräber.

6.2 Nehmen Sie Platz ...

Auch mein erster Schritt, um an Kapital zu kommen, führte mich zur Bank. Mein Vater führte bis zu seiner Rente einen kleinen Einzelhandel in einer bayrischen Kleinstadt, mit dem er unsere Familie zwar gut ernähren konnte, aber mir nicht einfach 250 000 Euro für ein Vorhaben zustecken kann. Also ging ich zu einer Bank, einer bekannten deutschen Gruppe, wo wir durch Vitamin B meines Geschäftspartners einigermaßen schnell einen Termin bekommen hatten. Der Termin war sehr früh am Morgen und ich war auf das Gespräch so vorbereitet wie seit meinem mündlichen Abitur nicht mehr. Alle Fakten und Zahlen waren akribisch aufbereitet: Name und Design des Produkts, der Businessplan, detaillierte Kooperationsverträge, PR-Plan.

Ich schüttelte dem Mitarbeiter die Hand, nahm an einem Schreibtisch unter Leuchtröhren Platz und unterbreitete ihm die Zahlen, die so glasklar vor mir lagen wie der Premium-Schnaps, mit dem wir den Markt aufmischen würden: 200 000 Euro Umsatz im ersten Jahr, 500 000 Euro Umsatz im zweiten Jahr, 1 000 000 Euro Umsatz im dritten Jahr.

»Wie viel Geld benötigen Sie, um Ihren Plan in die Tat umzusetzen, Herr Söldner?«, fragte er, nachdem ich ihm meine Vision vorgetragen hatte.

»250 000 Euro.«

Er warf nochmal einen Blick auf das Papier und runzelte die Stirn. Er war der Typ erfahrener Banker, kurzes Haar, gebügeltes Hemd, glatt rasiert, jemand, der schon Tausende Menschen wie mich gesehen hatte: hoffnungsvolle Jungunternehmer, die für einen genialen Plan Geld brauchten und ihm in einer Mischung aus Hoffnung und Zuversicht gegenübersaßen. Der Unterschied zu diesen Tausenden war nur: Mein Plan war besser. Todsicher.

> *»Ich finde die Idee gut und mir gefällt, dass Sie sich etwas trauen. Aber ich kann lediglich einen Kredit von 50 000 verantworten«, war seine Antwort. »Wenn Ihr Vorhaben scheitert, können Sie einen Offenbarungseid ablegen und leben am Existenzminimum. Dann können Sie den Traum vom CEO für die nächsten fünf Jahre abschreiben.«*

Ich war noch nicht so gut im Bluffen und meine Enttäuschung über diese Einschätzung musste in meinem Gesicht abzulesen sein wie das Entsetzen nach einem verschossenen Elfmeter. Ich war 27 und voller Enthusiasmus für mein erstes Produkt. Wir waren dabei, den geilsten Schnaps der Welt zu machen. Ein regionales, nachhaltiges Produkt, mit punkigen Köchen, die damit arbeiten würden, und einer Platzierung auf dem boomenden Premium-Markt. Schräg, hochwertig, modern, der Markt schrie danach. Und der Typ sah das Potenzial nicht?

Seine Begründung mochte für ihn einleuchtend sein, aber ich wollte davon nichts hören. Unser Plan konnte nicht schief gehen, oder nur auf eine Weise: Wenn mir ein Bürokrat wie er im Weg stand. Denn wenn ich 250 000 Euro Kapital veranschlage, die das Gelingen meines Vorhabens garantieren, ist es logisch, dass ich mit einem Fünftel dieser Summe nicht weit kommen werde. Ich wäre gezwungen, zwei Turbinen aus der Rakete zu entfernen und die Hälfte an Proviant einzupacken. Ich musste mit einer blechernen Rakete mit halbem Antrieb starten. Außerdem, fügte er hinzu, verlange die Bank für den Kredit eine Lebensversicherung, und als ich meinte, die würde ich bei dem Vater meiner Freundin abschließen, meinte er kurz angebunden: »Gibt der Ihnen auch 50 000 Euro?«

Ich musste also auch eine Lebensversicherung unterschreiben und in Summe hatte ich von Anfang an kein gutes Gefühl; ich fühlte mich eher erpresst. Wir hatten zwar etwas Startkapital, aber ich weiß bis heute nicht, ob dieser Gründerkredit eine sinnvolle Sache war. Waren die 50 000 von Anfang an zu wenig? Hätten wir mehr Gas geben können, wäre diese Summe nicht so rasch erschöpft gewesen? Hätten wir mit einem größeren Kredit unsere Zeit und Energie verstärkt für Produktplatzierung und Marketing einsetzen können, und nicht sofort für erneute Finanzierungsrunden? Oder hatte er am Ende Recht, das Ding wäre ohnehin in die Hose gegangen und wir wären mit 250 000 Euro verschuldet? Von dem Geld kauften wir wenige Tage später zwei Paletten Flaschen sowie Etiketten und Kartonagen, und nach wenigen Wochen hatten wir noch 20 000 Euro auf dem Konto – und 30 000 Euro im Lager, in Form von Verpackung und Warenbestand.

Ich kann heute nur zurückblicken und feststellen, dass die geplanten 250 000 Euro definitiv nicht zu viel Startkapital gewesen wären. Ich möchte aber auch nicht alle Berater einer Bank verdammen. Ich weiß nur eines: Ob 50 000 Euro oder 250 000 Euro, wenn du wirklich schlaflose Nächte haben willst und jeden Tag mit dem Gedanken verbringen willst, dass dein Plan wirklich unbedingt klappen muss, dann nimm – wie wir es getan haben – einen Bankkredit mit persönlicher Haftung auf und lass insgesamt vier Personen dafür bürgen.

6.3 Der Hintern ist immer in der Schusslinie

Man kann auch in schwierigen Phasen Lösungen mit der Bank finden, aber die Sache ist: Wie das abläuft, bestimmst nicht du. Egal wie die Lösung aussieht, du musst hoffen, dass sie funktioniert, denn am Ende haftest du privat. Und wer jetzt entgeistert schreit: »Aber es gibt doch Haftungsfreistellung beim Förderkredit!« Ja, schon, aber die Freistellung gilt zwischen der Förderbank und deiner Hausbank, damit die den Kredit an Gründer Schmalhans überhaupt erst rausrückt. Dein persönlich haftender Hintern ist immer zu 100 % in der Schusslinie und die Bank hält sich an dir schadlos.

Auch ein Bankkredit kann der notwendige Start sein. Du machst dich selbstständig und hast bereits Kunden, die dir sicher kalkulierbare Einnahmen generieren werden? Dann ist die Bank dein Partner! Um aber Startkapital für ein riskantes Vorhaben zu sammeln, sollte die Bank als allerletztes kontaktiert werden, denn eines ist sicher: Nichts zehrt so sehr an deiner Energie wie eine Bank, die ihren Kredit einfordert; eine Energie, die du ja eigentlich für diese tolle Idee verwenden wolltest, für diesen absoluten Glauben an deine Sache.

Also für diese Liebe, die sich in ein Desaster verwandelt.

Wenn deine Idee »bei null« anfängt und noch nichts wirklich kalkulierbar ist, denke bei der Kapitalbeschaffung zuerst unbedingt an alternative Investoren, wie im Kapitel zuvor besprochen! Private Investoren und Kapitalgeber denken in vielerlei Hinsicht perspektivischer. Sie wollen natürlich auch Geld mit dir und deiner Idee verdienen, aber sie lassen dir nicht sofort die Hosen runter, wenn es mal schlechter läuft, es zu einem Engpass kommt oder ein temporäres Tal zu überwinden ist. Sie sind mit ihrem Geld im Boot und werden eher versuchen, das Ruder rumzureißen oder Lösungen zu finden, vielleicht auch Geld nachzuschießen. Und neben Cash bieten sie oft zusätzlich auch noch wichtiges Know-how und ein Netzwerk, das dir von großem Nutzen sein kann und am Ende vielleicht sogar über Erfolg oder Misserfolg entscheidet. Laut *DSM 2018* (Kollmann u. a. 2018) benutzen deutsche Start-ups Inkubatoren, Company Builder und/oder Accelatoren verstärkt als Finanzierungsquelle (13,6 %), während klassische Kapitalquellen wie Bankdarlehen im dritten Folgejahr abnehmen (12,2 %). Das sollte man sich zu Herzen nehmen.

Und behalte im Hinterkopf: Wenn du deinen Businessplan bereits zwanzigmal neu geschrieben hast, jede Zahl auswendig kennst, deine Arbeitsleistung eingepreist hast, die großen Aufgaben mit Hilfe von Mitarbeitern überwinden musst und 250 000 Euro DEINE Nummer ist, um zu starten: Dann starte nicht mit 50 000! Vor allem nicht, wenn du nicht absehen kannst, dass du die restlichen 200 000 irgendwo herbekommst. Deine Zahlen kommen nicht von ungefähr (vorausgesetzt, du hast sie ordentlich geprüft und von Branchenexperten bestätigen lassen) und wenn du so viel Kapital brauchst, dann ist das eben Tatsache: Du hast deinen Plan schließlich nicht für weniger geschrieben.

Wie du gegen die Wand fährst:
- Du nimmst einen Kredit als Risikokapital auf.
- Der Kreditbetrag ist zu hoch für dich und zu gering für die Firma.
- Du ziehst andere in den Kredit mit rein.

Was sind die Konsequenzen:
- Wenn die Tilgung einsetzt, will die Bank ihr Geld zurück. Kreditraten schnüren die Luft ab, gerade wenn du noch nicht so weit bist, wie du gerne wärst.

- Der Kreditbetrag, auf den du dich einigst, ist ein Risiko für dich und deine Zukunft. Wenn du 250 000 EUR brauchst und dir die Bank z. B. 150 000 EUR gibt, dann brennst du im Fall der Fälle für 150 000 EUR ziemlich lange, hast aber immer noch nicht genug Kapital, das du brauchst, was dein Risiko doppelt erhöht.
- Die Bank will Sicherheiten, meist nicht nur von dir, sondern auch von anderen Personen. Geht deine Idee nicht auf, zahlen plötzlich Ehemann oder -frau, Eltern oder Geschwister für deinen Kredit.

Wie du die Wand umfährst:
- Mache die ersten Schritte mit eigenem Geld, soweit du es verkraften kannst. Family, Friends & Fools können dabei supporten. Initiiere dein Start-up z. B. mit einer Crowdfunding-Kampagne, wenn es ein Massenprodukt ist. Frage dich, ob du wirklich genügend Gespräche mit Investoren angekurbelt hast oder ob du zu früh eine Kreditvariante anstrebst. Kredite machen Sinn, wenn man bereits Kunden hat, die sicher kalkulierbare Einnahmen generieren werden.
- Starte mit dem Betrag, mit dem du geplant hast zu starten. Gib dich nicht mit weniger zufrieden.
- Wäge ab, ob du das Geld des Gatten, der Eltern oder der Geschwister für deine Sache einsetzen willst; es steht viel auf dem Spiel.

Kapitel 7

Marketing und PR

Wenn du gehört werden willst, darfst du dich nicht anschleichen. Du musst aber auch nicht mit einem 1972er Pontiac LeMans vorfahren.

Der 12. Juli 2015 ist ein sonniger Tag, zumindest in Bayern. Im Norden des Landes wechseln sich Schauer und Sonne ab, vereinzelt gibt es Wärmegewitter, aber in Regensburg bleibt es trocken. Ein Omen. Unter mir brummt und blubbert es auf eine Weise, wie ich es noch nie gehört habe. Es ist der Sound der Vergangenheit und gleichzeitig die Melodie der Zukunft.

Ich sitze in einem dunkelblauen 1972er Pontiac LeMans und fahre über die Landstraße nach Freyung. Ich war nie ein Fan neuer Serienautos, schon als Jugendlicher waren mir Namen wie Ferrari oder Lamborghini, aber auch Audi oder BMW ziemlich egal. Oldtimer hingegen hatten eine andere Wirkung auf mich. Man kann den Charakter dieser Autos förmlich fühlen, vor allem die bulligen, kurvigen, fast colaflaschenartigen Coupés, die zwischen Ende 1960 und Anfang 1970 produziert wurden, hatten es mir angetan; Muscle Cars mit ihren lauten, bassigen V8-Motoren. Hinter dem Lenkrad zu sitzen ist eine Offenbarung, die runden Tachos am Armaturenbrett mit ihren analogen Nadeln strahlen Souveränität und vor allem Handwerk aus. Mit einem Wort: Sie waren der Inbegriff des Autos.

Durch die Windschutzscheibe sehe ich aber nicht nur die flache Straße vor mir, sondern auch unser Logo, mit klaren Linien auf der Motorhaube gezogen. Der Wagen ist dunkelblau, das Logo weiß, der Motor laut – alles passt zu der Rock'n'Roll-Ausrichtung, die wir unserer Marke verpasst haben. Der Pontiac war uns den Preis, den wir dafür auf den Tisch geblättert haben, wert: 21 000 Euro. Das war fast die Hälfte der Summe unserer zweiten Finanzierungsrunde von 50 000 Euro. Allerdings war der Kauf des Wagens auch keine nachträgliche Finte: Wir hatten bereits im Antrag gesagt, dass wir etwaige Fördermittel vor allem für Marketing einsetzen würden. Sinngemäß formuliert: *Wir werden von dieser Finanzierung gut Werbung machen und damit wir gute Werbung machen können, brauchen wir ein superfettes Auto. Und wenn wir den Wagen wieder verkaufen müssen, dann wird er tendenziell mehr wert sein, auf keinen Fall weniger.*

7.1 Die Welt muss wissen, dass es dich gibt

Wir waren in Jahr zwei unseres Start-ups und befanden uns mitten in unserer Phase des Größenwahns. Unser Gedanke: Das Auto ist ein absoluter Eyecatcher, der sich praktisch von selbst vermarktet. Wir würden damit auf deutschlandweite Messen und lokale Events fahren, einen auf dicke Hose machen und unser Produkt aus einer improvisierten Bar aus dem Kofferraum heraus verkaufen. Der Pontiac war praktisch ein Instagram-Star auf vier Rädern, eine mobile Litfaßsäule, die uns auf denkbar einfache Weise viel Publicity einbringen würde.

Zu Beginn ging der Plan auch auf. Im Zentrum von Regensburg war der Wagen ein beliebtes Fotomotiv, mit oder ohne Passanten, die sich davor fotografierten. Es gab allerdings zwei Probleme, die sich relativ bald einstellten: Jemand musste dann auch vor Ort sein, denn einen Oldtimer, den du dir gerade für 21 000 Euro gekauft hast, lässt du nicht so einfach aus den Augen – und wer einen Oldtimer babysittet, hat in der Regel nicht viel Zeit zu arbeiten. Das war Fehler Nummer eins. Fehler Nummer zwei war jedoch noch entscheidender: Messestände sind keine günstige Angelegenheit, vor allem je größer, beliebter und wichtiger für die Industrie eine Messe ist. Für drei Quadratmeter legt man da schon mal ein paar tausend Euro für zwei Tage auf den Tisch – und ungleich mehr für einen 1972er Pontiac.

Aber Phase zwei hatte begonnen und das bedeutete: Marketing Vollgas. Unser Produkt war entwickelt, wir hatten Qualität und Design definiert. Wir wussten, was unser

Produkt im Einkauf kostet und was unsere Marge ist, die Abläufe von der Bestellung bis zur Auslieferung waren eingespielt. Jetzt musste auch die Welt von unserer Existenz wissen. Gerade wenn du kein B2B-Produkt auf den Markt bringst, müssen Konsumenten wissen, dass es dich gibt. Das ist in der Zeit, in der wir leben, einfach und schwierig zugleich. Digitale Medien und technische Innovationen machen dich zur eigenen Werbeagentur. Gleichzeitig ist Werbung omnipräsent und darf daher nicht mehr als solche daherkommen, um sich abzuheben. Die Aufmerksamkeitsspannen sind gering und die Konkurrenz ist groß.

Es gibt jedenfalls keine mir bekannte Regel, wie hoch ein PR-Budget zu Beginn sein muss (das stellt sich i. d. R. erst nach dem Vorliegen von Erfahrungswerten heraus, die man auch wirklich tracken kann), aber man muss es auf jeden Fall stark in seine Kalkulation mit einbeziehen. Nicht von ungefähr setzten deutsche Start-ups bei der Studie *Start-up Unternehmen in Deutschland 2018* des Beraters PwC den Posten »Marketing und Werbemaßnahmen« mit 47 % auf Platz eins bei der Frage, in welchem Bereich sie in Zukunft Investitionen planen würden (PwC 2018).

Schließlich könnte man auch behaupten: Werbung ist

so wichtig wie das Produkt an sich. Ein Kunde kann ein Produkt bemängeln – aber vorher muss er wissen, dass es überhaupt existiert. Wie wichtig PR ist, war 2018 auch in der TV-Gründershow *Die Höhle der Löwen* zu sehen. Das dort gepitchte Start-up *SmartSleep* machte – salopp gesagt – Pillen aus Vitaminen, Mineralstoffen und Creatin, die Menschen im Schlaf regenerieren lassen, wofür sie den (zumindest bis dahin) größten Deal der Show einsammelten (Schmiechen 2018). Carsten Maschmeyer und Ralf Dümmel investierten 1,5 Millionen Euro – wovon wiederum 1 Million für das Mediabudget veranschlagt wurden, also zwei Drittel für die Werbung.

Wir spielten budgetmäßig ein paar Ligen darunter, eher in der Liga »Stroh zu Gold spinnen«. Wir konnten und wollten jedenfalls keine ganzseitigen Anzeigen in Magazinen wie dem Spiegel oder Stern inserieren. Das war weder finanziell möglich noch war es sinnvoll. Agenturen, die uns anriefen und fragten: »Wollt ihr im nächsten Airline-XY-Magazin drin sein? Statt 15 000 Euro für die ganze Seite nur 8000 Euro?« Das geht erst dann, wenn die Brand schon bekannt ist und massig Geld abwirft. Mit Social-Media-Portalen wie Instagram verfügt man heute auch über kreativere Möglichkeiten, als alten Dinosauriern junges Geld in den Rachen zu werfen. So war auch unser Weg eine Kombination aus analog und digital, also eine Kombination aus klassischer Werbung, aus persönlicher Präsentation und Platzierung in digitalen Medien.

7.2 Schnell mal ein Selfie – Fehlanzeige

Die Aussage, Werbung auf Social Media sei wichtig, ist keine Offenbarung – gerade, weil heute fast jeder über einen Instagram-Account verfügt –, aber gerade deswegen muss man darauf hinweisen: Der Aufwand dahinter wird vielfach unterschätzt. Es gibt Profis, die sich sehr viel Gedanken machen über ein Instagram-Bild und das sieht man am Resultat. Wenn du dich hinstellst und mal schnell ein Selfie knipst? Fehlanzeige. Das, was du als Lebensgefühl oder Corporate Identity für dein Start-up und Produkt rüberbringen willst, entsteht nicht einfach durch ein paar Insta- oder Snap-Filter, und wenn dir einen Tag vor Weihnachten einfällt, dass du noch ein Merry-Christmas-Foto machen und posten musst, ist es vermutlich zu spät.

An diesem Punkt ist langfristige Planung entscheidend: Aktionspakete zum Valentinstag, Faschingsbilder, Ostereier-Gewinnspiel oder auch das WM-Finale. Jedes Event kann genutzt werden. In unserem Fall hätte der Gedanke sein müssen: In einem Monat beginnt die neue Staffel von *Game of Thrones*? Dann überlegen wir uns einen *Kingslayer*-Drink! Wir haben jedoch zu lange versäumt, tagesaktuelle Daten einzuplanen und Aktionen ordentlich darauf vorzubereiten. Aber dazu braucht man einen Mitarbeiter oder Partner, der sich ausschließlich darum kümmert, die Aktionen vorbereitet, Bilder macht, auf den Kanälen postet, auf die Kommentare antwortet, das Gewinnspiel durchführt. Das ganze Jahr ist ein Verkaufsjahr und man sollte nicht den Fehler machen, Social Media als Selbstläufer zu betrachten, nur weil man ein Handy mit Kamerafunktion hat. Gerade auch hier gilt: Suche Profis und sei konsequent!

Schlechtes Marketing mag nur auf Platz acht der Gründe liegen, warum Start-ups scheitern. Trotzdem ist es ein Faktor, der – klug eingesetzt – eine ungleich größere Hebelwirkung Richtung Erfolg entfalten kann. Siehe Mode: Wenn Kim Kardashian einmal mit einer Mütze des kleinen unbekannten Labels xy in der Gala abgedruckt ist oder postet, ist das kleine unbekannte Label xy bald ein kleines bekanntes Label.

Gleichzeitig heißt das, immer einen gewissen Prozentsatz an Ware mitrechnen zu müssen, der gratis rausgeht, aber trotzdem gekauft werden muss. Das ist für ein Start-up nicht immer leicht. Man muss unterscheiden, was Sinn macht und als Verstärker funktioniert – oder hinter welchem Projekt ein paar Höschis sitzen, die dir gratis eine Flasche abschwatzen wollen, um am Samstag Party zu machen.

PR und persönliche Vernetzung gehen Hand in Hand. Unser Produkt stand beispielsweise in einem temporären Pop-up-Showroom in Berlin, wo ausgewählte Marken Prominenten wie Schauspieler Christian Berkel, Sängerin Nessi oder Influencerin Bonnie Strange gezeigt wurden. Wir hatten mit Wagyu-Pabst Ludwig »Lucki« Maurer einen Brand Ambassador am Start, der als Koch, Metal-Fan und bayrisches Urgestein unseren Wodka perfekt symbolisierte, und als von einem Modemagazin die Anfrage kam, als einer von fünf Craft-Schnaps-Machern porträtiert zu werden, fuhr ich dafür auch extra nach Berlin und habe mir rosarote Socken angezogen.

7.3 Image, Image, Image

Du machst eben alles, um eine Drehung auf das Produkt zu bekommen, also eine Nachfrage, die aus sich selbst heraus passiert. Sie ist das Entscheidende. Du musst diesen Punkt erreichen, an dem die Menschen nach deinem Produkt fragen, es wollen. Und du bist auf diesem Markt in den seltensten Fällen allein, auch wenn du glaubst, dass deine Idee einzigartig ist. In unserem Fall war es noch dazu ein spezieller Markt, der im Gesamten nicht wächst, sondern durch Umverteilung funktioniert, in dem sich also die einen von den anderen etwas wegnehmen. Es ist ein Markt, auf dem globale Player täglich mit Millionenbeträgen für Marketing und PR-Aktionen in den Ring steigen. Die verfallen beim Auspuffgeräusch eines 1972er Pontiac nicht in Schockstarre.

Deine Chance in diesem Dschungel: Image, Image,

Image. Manchmal funktioniert das durch Auszeichnungen und Teilnahme an Wettbewerben. Wir gewannen zweimal Gold bei der ISWC, der international bekannten *International Wine and Spirits Competition*. Diese Siegel sind wichtig, man kann sie auf die Website packen oder die Verpackung drucken. Das wirkt, es zeugt von Qualität. Menschen lieben Auszeichnungen, sie geben ihnen Orientierung in einem immer größer werdenden Angebot. Kaum bekommt ein Film einen Oscar, verdoppeln sich die Zuschauerzahlen. Klar, *Titanic* war auch vorher ein Selbstläufer, aber *Slumdog Millionär* weniger. Und wir waren *Slumdog Millionär*. Wir waren Underdogs, wenn auch mit einem regionalen Sympathiebonus. Wir waren bereits in den größten Galeria Kaufhäusern und Metros in Bayern und am Flughafen München gelistet und auf dem Flug nach London zur Preisverleihung bin ich an unserem Produkt vorbeigelaufen. Nicht ohne Stolz, aber auch im Bewusstsein, wie wir diese Platzierungen bekommen hatten. Durch Insistieren, Klinken putzen, Dranbleiben und Zugeständnisse. Verhandlungen laufen zu Beginn im Allgemeinen nämlich auf diese Art ab: »Wir kaufen Ihnen Flaschen für 2000 Euro ab, Herr Söldner, und reduzieren dafür den Werbekostenzuschuss bei Erstlistungen von normalerweise 15 000 Euro auf Start-up-Niveau, sagen wir ... 2000 Euro. Wie gefällt Ihnen das?« Denn so funktioniert der Handel, wenn man mit den Großen mitspielen will.

Auch deswegen ist der persönliche Weg neben dem digitalen Erscheinungsbild wichtig (ganz egal, ob das Produkt ein digitales oder analoges ist). Wenn dich der Vertriebsleiter persönlich sympathisch findet, fällt ihm bestimmt eher ein, dass es unter gewissen Voraussetzungen ja günstigere Konditionen gibt, als wenn du nur ein Name in einer E-Mail-Signatur bleibst. Die essenziellen Informationen und Neuigkeiten werden beim direkten Kontakt ausgetauscht, nicht über das LinkedIn-Profil. Außerdem, nicht zu vergessen: Wenn der *Drive* die Persönlichkeit des Gründers charakterisiert, verkörpert sein Auftreten die Marke. Der Gründer ist das Image, die Idee, egal, ob du nun eine One-(Two)Man-Show bist oder tausend Mitarbeiter hast. Selbst Elon Musk kann im Radio nicht spaßeshalber an einem Joint ziehen oder launische Twitter-Posts absetzen, ohne dass es Konsequenzen für sein Image hat – und sein Unternehmen.

Dieses Image bezieht sich aber nicht nur auf den Endkunden, sondern auch auf die eigenen Peers. Gerade am Anfang eines Start-ups trifft man sich schließlich immer wieder auf den gleichen Veranstaltungen, tauscht Ideen aus. Man ist sich auch Konkurrent und buhlt um die gleichen Investoren, aber so funktionieren Mikrokosmen. Vielleicht trifft man auf Menschen, die dein Produkt lieben, vielleicht funkt's einfach bei manchen und man findet heraus, dass es sich lohnt, zwei Ideen zu einer zusammenzulegen.

7.4 Die Kraft der Messen liegt nicht im Kräftemessen

Fachmessen sind ein gemeinsames Schaulaufen wie auch voneinander Abschauen. Klein trifft auf Groß, Jung auf Alt. Und so sehr sich die Teilnehmenden als Teil einer großen Familie fühlen, will sich doch jeder von der Masse abheben. In unserem Fall wollten wir das eben mit einem Muscle Car. Dass das Lebensgefühl Auto vom Image her überhaupt nicht zu dem Lebensgefühl Alkohol passt, haben wir nicht bedacht. Ebenso wenig, dass ein Benzinkiller wie ein 5,7L-V8-Motor nicht zu dem Bild eines regionalen Bio-Schnapses passt, wie wir ihn herstellten. Fehler Nummer vier und fünf.

Wir waren blind oder vielmehr so sehr von unserem Pontiac überzeugt, dass wir eine Faustregel übersahen:

Das mühsam aufgetriebene Geld sollte nicht für überflüssige Ausstattung und falsche PR ausgegeben werden. Es muss nicht die Wahnsinnsimmobilie im Stadtzentrum sein, mit der man imponieren will, es muss nicht das teuerste, neueste Equipment sein. Wir waren so auf dicker Hose unterwegs, so in der Kombination aus Jugendtraum und Businessmodell verstrickt, dass uns der Pontiac wie die perfekte Allzweckwaffe erschien; ideal geeignet dafür, am Kulinarikfestival vorzufahren, ideal dafür, ihn am Domplatz zur Schau zu stellen, die geniale Symbiose aus analogem Röhren und digitalen Foren. Außerdem würde er als Oldtimer nicht an Wert verlieren, sondern nur gewinnen.

So gesehen war es nicht falsch, beinahe die Hälfte der Fördermittel für PR-Zwecke einzusetzen. Man braucht etwas, das den Leuten in Erinnerung bleibt. Du musst ein Produkt machen, das knallt, und wenn es das nicht tut, muss die Werbung knallen. Wir dachten in unserem Fall eben, es sei ein Pontiac. Falsch gedacht, letztlich haben wir nur zwei Bilder von dem Wagen gepostet und an einem anderen Marketingkonzept gearbeitet, das am Ende einen Umfang von 150 Seiten hatte. Aber es kam zu spät. Unser letzter Instagram-Post zeigt mich mit zwei Mitarbeitern der Bar, die ich damals betrieb, mit Strohhalmen aus einem Glas trinkend – alles easy peasy, während wir die Marke im Hintergrund schon abwickelten.

Daher merke: Erfüllung des Jugendtraums als PR-Strategie? Zweifelhaft.

Wie du gegen die Wand fährst:
- Du denkst, weil du es cool findest, finden es alle anderen auch cool.
- Du hast keine Strategie für Marketing oder zumindest kein Konzept, das dich ein Jahr vorwärtsbringt.

- Du denkst, Marketing gibt es für lau und kostet wenig.
- Du hast zwar ein Marketing-Budget, setzt es aber falsch ein.
- Du verzichtest auf das wichtigste Marketing-Instrument: dich selbst.
- Du vergisst den Zeitgeist und machst das, was früher cool war (z. B. dicker Firmenwagen).

Was sind die Konsequenzen:
- Man ist für sich selbst meistens ein schlechter Berater und neigt dazu, von sich selbst auf andere zu schließen, was oft zu einem bösen Erwachen führt.
- Aus der Not heraus lieferst du Schnellschüsse, noch schnell das Weihnachtsgewinnspiel, während du vorm Christbaum sitzt und vergessen hast, was zu posten. Plane voraus und vermarkte smart!
- Marketing kostet immer was. Entweder Zeit oder Personal oder Dienstleister. Natürlich kannst du Facebook und Instagram privat »umsonst« nutzen...aber rate mal, womit Facebook Geld verdient und wer dafür zahlen muss.
- Du setzt dein Werbebudget auf die falschen Kanäle: zu teuer, zu wenig Drehung, zu wenig Messbarkeit; das Marketingbudget ist so schnell verheizt wie es da war.
- Wenn niemand weiß, dass du existierst, tust du das für gewöhnlich auch nicht mehr lange. Schlechte PR führt zu schlechten Zahlen führt zur Insolvenz. Gerade wenn du kein B2B-Produkt auf den Markt bringst, müssen Konsumenten wissen, dass es dich gibt.
- Man kann es heute kaum mehr jemandem recht machen und wenn dein Opa noch erzählt hat,

dass er das größte Auto in der Stadt fuhr, dann war das der Zeitgeist damals, der dich heute vielleicht den Ruf kostet.

Wie du die Wand umfährst:
- Umfragen, Feedbacks, Testläufe, die wenig kosten. Finde heraus, was die anderen cool und zeitgemäß finden, und mache das.
- Das ganze Jahr ist Verkaufszeit und Aktionen müssen gut vorbereitet sein, damit die Empfänger auch reagieren können und hingeführt werden. Sei vorbereitet, es spart dir Nerven und bringt mehr.
- Es gibt Profis für Social Media und das sieht man am Resultat. Lass dir helfen, arbeite mit Budgets und kenne die Preise.
- Es gibt keine Faustregel, wie hoch das PR-Budget sein sollte, aber jeder Euro, der in den falschen Kanal geht, ist gnadenlos verloren, denn schon von jedem Euro im richtigen Kanal sind bereits 50 Cent rausgeschmissenes Geld. Am Ende muss etwas Messbares übrig bleiben, sonst kannst du nie optimieren.
- Du selbst bist das wichtigste Marketing-Instrument. Sei bei Kunden, sei die Werbung, stelle dich vor. Persönliches Netzwerk und PR gehen sehr oft Hand in Hand. Und wenn du beim Geschäftsessen imponieren willst und die Rechnung übernimmst, sei dir nicht zu schade, zu Hause Tiefkühlpizza zu essen.

Kapitel 8

Verträge

Wenn du einem Partner nicht trauen kannst, wirst du auch mit schriftlichen Verträgen ein Problem haben. Machen musst du sie trotzdem.

Ich bin kein Anwalt, aber es gehört zu meinem Berufsfeld, Verträge verstehen zu können. Beamtendeutsch und Juristensprech turnen mich nicht an, schrecken mich aber auch nicht ab. Bei der Gründung eines Start-ups ist das kein kleiner Vorteil. Verträge sind notwendig, sei es innerhalb des Gründungsteams, mit Geschäftspartnern, Mitarbeitern oder Kapitalgebern. Was jetzt aber auch nicht klingen soll, als müsste man sehr viel Zeit in Anwaltsstuben verbringen. Dem ist nicht so. Mit Verträgen bei Start-ups ist es eher wie mit Torchancen eines Stürmers bei einem Fußballspiel: Es gibt meist nur wenige in einem Spiel – aber die sollten sitzen.

Auf der Website startups.de wurden einmal die sechs häufigsten Fehler bei der Gründung eines Start-ups aufgelistet. Auf Platz eins: mangelnde rechtliche Beratung. So weit, so klar. Das bringt uns aber auch direkt zu Platz sechs der Liste: Geschäfte mit Freunden – und was dabei alles schief gehen kann.

8.1 Must-Have: Verträge mit Gründungspartnern

Laut dem *Start-up Monitor 2018* werden mit 77 % etwas mehr als drei Viertel der deutschen Startups im Team gegründet. (Wobei ein Unterschied zwischen weiblichen und männlichen Gründern erkennbar wird: Frauen gründen zu 36,3 % Fälle alleine, während Männer das nur in 20 % der Fälle tun.) Die durchschnittliche Teamgröße liegt bei 2,4 Gründern pro Start-up, wobei die meisten Gründungen von zwei Personen (34,8 %) bzw. drei Personen (25,5 %) durchgeführt werden.

Wenig verwunderlich, sind das oft Freunde oder zumindest Bekannte. Und weil man sich ja schon sein Leben lang kennt und sich so blendend versteht, verzichtet man auf einen Vertrag; kostet nur Zeit und Geld, kann man später noch machen, stört jetzt erst mal den Teamgeist. Über einen Vertrag zu sprechen würde das Vertrauen und somit die Freundschaft untergraben, die überhaupt erst die Basis für das Start-up ist. Verträge dieser Art, sagen sich die zuversichtlichen Gründer, sind wie Eheverträge für Popstars, die sich Evian bei 16,3 Grad Temperatur servieren lassen und Vasen gegen die Wand schmeißen, wenn das Wasser ein Grad wärmer ist. Aber nichts für einen selbst.

Gründungsteams können sich jedoch aufsplitten und das schneller, als Franz Beckenbauer »Jo mei« sagen kann. Die Gründe dafür sind mannigfaltig. Manche sind dabei vorhersehbar, manche weniger. Vielleicht entwickelt sich das Start-up nicht wie erhofft und ein Partner wirft rasch das Handtuch. Vielleicht zeigen sich nach einigen Monaten unterschiedliche Auffassungen in der Strategie. Einem Partner mag die Selbstständigkeit doch nicht geheuer sein und er heuert lieber als Angestellter an – oder will gar zur Konkurrenz. Der Dritte im Bunde möchte doch lieber mit dem Motorrad die Seidenstraße erkunden, als einmal im Monat den Seitenplan des Geschäftsmodells anzupassen – möglicherweise muss sich jemand aus gesundheitlichen Gründen zurückziehen.

Wie diese Dinge geregelt werden, sollte in einem Gründervertrag definiert werden. Dieser kann sehr komplex ausformuliert sein, kann aber auch auf zwei Seiten Platz finden – aber er ist essenziell und sollte auf keinen Fall übergangen werden. Er symbolisiert kein persönliches Misstrauen, sondern stellt vielmehr die gesunde Basis dar, auf die sich jeder Gründer berufen kann – und die später vor unangenehmen Überraschungen schützt. Nicht jede Eventualität kann dabei berücksichtigt werden, ohne sein Startkapital lückenlos an einen Anwalt zu überweisen (und man sollte sich ja auch nicht damit beschäftigen, was alles wie schief gehen könnte). Aber entscheidende Parameter sollten definiert werden. Die Energie würde man lieber in das Produkt, das neue Marketingkonzept oder neue Mitarbeiter stecken. Aber es lohnt sich. WGs zerbrechen wegen Lappalien wie der unterschiedlichen Auffassung in der Badhygiene. Es sollte also einleuchten, dass es ungleich sensibler wird, wenn es statt um den Einsatz von WC-Enten um den Einsatz der persönlichen Zukunft geht.

In unserem Fall haben wir das beschriebene, klassische Bild abgegeben: zwei Freunde, die sich schon seit Schulzeiten kennen. Trotzdem haben wir unsere Kooperation in einem einfachen Schriftstück geregelt. Es war genug Vertrauen vorhanden, um unseren Gründervertrag nicht so dick wie ein Telefonbuch (wird diesen Vergleich in 20 Jahren noch jemand verstehen?) anwachsen zu lassen, aber Geschäftsanteile, Rechte und Pflichten waren definiert. Im Nachhinein hat sich das auch als goldrichtig herausgestellt. Die Freundschaft zwischen meinem Partner und mir hat durch die Insolvenz nicht gelitten. Manche Welle schlug höher, als es gegen Ende zur Abwicklung kam, aber das ist normal, denn wenn der Worst Case des Scheiterns eintritt, sind alle Nerven angespannt. Aber ich bin mir sicher: Unsere Freundschaft wäre auf eine stärkere Probe gestellt worden, hätten wir nicht diese Verträge gehabt. Sie schützen vor Gezanke, wenn die Festung fällt und alle Beteiligten ihre Schäfchen ins Trockene bringen wollen.

Wir haben unser Start-up als Firma abgewickelt und die Markenrechte verkauft, sind somit als Gründer ausgestiegen. Es gibt jedoch auch den Fall, dass Start-ups weitergeführt werden, während einer oder mehrere Gründer aussteigen. An wen der restlichen Partner werden die Anteile dann übergeben? Und wie sind Anteile geregelt, wenn ein oder mehrere Gründer Kapital oder Sachwerte einbringen, während der oder die anderen als Gründungskapital ihre Arbeitskraft investieren? Für diese Fragen ist ein Vesting-Vertrag sinnvoll. Dieser besagt, dass sich die Gründer ihre Anteile erst über einen bestimmten

Zeitraum, den sie im Unternehmen verbleiben, erarbeiten müssen. So wird verhindert, dass bei einem vorzeitigen Ausscheiden eines Partners – egal ob *Good Leaver* oder *Bad Leaver* – diesem die zuvor vereinbarten Geschäftsanteile voll und ganz zustehen.

8.2 Take Care: Verträge mit Geschäftspartnern

Für Anwälte ist die Start-up-Industrie also eine gute Sache, keine Frage. Wir hatten einen Anwalt für Markenrechte, einen Anwalt für die Verträge zur Beteiligung der Investoren und wieder einen anderen für die internationalen Markenrechte. Wir waren in dieser Hinsicht vor allem vorbildlich in Angelegenheiten, in denen uns kein Mensch in Fleisch und Blut gegenübersaß, sondern Regularien, Gesetze und Paragraphen. (Im Übrigen lag im *DSM 2018* der Abbau von regulatorischen und bürokratischen Hürden mit überwältigender Mehrheit von 73 % an erster Stelle der Erwartungen von Gründern an die Große Koalition; Kollmann u. a. 2018)

Schwieriger sind Verträge mit Partnern, die dir dann aber doch in Fleisch und Blut gegenübersitzen, die atmen und Dinge sagen wie »So haben wir uns das aber nicht vorgestellt«. Denn von ihnen hängt häufig das Gelingen deines Vorhabens ab, da sie beispielsweise Ware, Infrastruktur, Know-how oder finanzielle Mittel zur Verfügung stellen. Zu lernen, dass man Verträge braucht, ist schließlich das eine – aber dem ersten Partner, den du für dein Start-up findest, gleich einen Vertrag unter die Nase zu halten, ist das andere. Man ist ja froh, dass man ihn hat. Sonst hätte man vielleicht kein Start-up.

Partnerschaftliche Symbiosen aus kleinem Start-up und etablierten Unternehmen sind dabei keine Seltenheit: Laut der Studie *Start-up Unternehmen in Deutschland*

2018 des Beraterunternehmens PwC kooperieren 45 % der deutschen Start-ups mit etablierten Unternehmen, beispielsweise als Pilotprojekt, Marketingkooperation, Forschungskooperation, Rahmenlieferverträge oder Inkubator bzw. Accelerator. Beinahe drei Viertel davon sind mit dieser Kooperation auch zufrieden (PwC 2018). Die drei gewichtigsten Gründe für die Zusammenarbeit sind die Erschließung neuer Vertriebskanäle (40 %), die Ergänzung von fehlendem Know-how (37 %) und die Erschließung neuer Märkte (36 %).

Übersetzt heißt das: Ein Start-up will auf dem Brett eines großen Partners mitsurfen und dadurch schneller an Bekanntheit gewinnen. Häufig ist das bei Gründungen aus den Forschungslaboren der Universitäten heraus der Fall. Nicht von ungefähr haben 81 % der deutschen Gründer einen Hochschulabschluss. Im Technologiebereich machte ein Paradebeispiel dieser Symbiose Bill Gates zu einem der reichsten Männer der Welt: Microsofts MS-DOS war in seinen Gründertagen Teil des Pakets auf IBM-Rechnern.

Diese Kooperationen zwischen Start-ups und Großindustrie stehen im Gegensatz zum allgemeinen Ruf, dass sich die beiden in einem ständigen Krieg gegenüberstehen; schließlich wird häufig das Bild des Entrepreneur-Davids bemüht (und auch von der Start-up-Philosophie befeuert), der mit seiner Schleuder der Disruption den überheblichen, schwerfälligen Corporate-Giganten fällen will. Airbnb oder Uber halten dann her, um zu symbolisieren, wie gestandene Industrien in ihren Grundfesten erschüttert werden können. Bereits 1997 wurde dieses Phänomen in dem Buch *Innovator's Dilemma* (Christensen 1997) behandelt: Große Unternehmen seien zu starr, um neue Technologien und Entwicklungen zu erfassen und in Wettbewerbsvorteile umzumünzen, und würden von der neuen Konkurrenz überholt oder gleich überrollt. Und das betrifft nicht nur Beispiele der »analogen« Industrien. Beispiel gefällig? Fragt man heute einen Unter-Zwanzigjährigen nach dem Namen *Nokia*, hält er das für einen Autotune-Rapper.

8.3 Groß gegen Klein ist immer häufiger Groß mit Klein

Der David-gegen-Goliath-Mythos stimmt auch, denn Gründungsideen beziehen sich häufig auf eine Verbesserung des bestehenden Angebots, sprich: Disruption, sprich: Man will das Geweih des Platzhirschs über dem Gründerschreibtisch hängen sehen. Aber etablierte Unternehmen haben auch dazugelernt. Sie mögen vor zehn oder 20 Jahren die Gefahren von Start-ups unterschätzt haben, tun das heute aber nicht mehr. Stattdessen führt sie eine Furcht vor dem Versäumnis vielmehr in Kooperationen mit Start-ups, deren Gründer die Spürnasen am Markt einer sich rasant ändernden Welt sind. Es lohnt sich für die Großen, sie in Speed-Dial-Nähe zu wissen. Der Gedanke: Sieht man eine Idee, die man für vielversprechend, bedrohlich – oder beides – hält, schnappt man zu. Google, in nur 20 Jahren seines Bestehens ein Mega-Goliath geworden, ist heute der größte Corporate Investor der Welt.

Daher zittern die Goliaths in Wahrheit nur teilweise vor den Ideen aus den Gründerschmieden, wie auch Steven Seggie, Professor für Marketing an der ESSEC, der *Internationalen Business School in Paris*, erklärt: »Es mag den einen oder anderen überraschen, aber Großunternehmen besitzen einen riesigen Ressourcenvorteil gegenüber Start-ups, und sie haben die Lobby-Power, um die Gesetzgebung zu ihrem Vorteil zu beeinflussen«, so Seggie (2019). »Der Krieg um Innovation, der zwischen Start-ups und Corporate herrschen soll, klingt aufregend und bringt Medienunternehmen viele Klicks. Trotzdem bin ich der Auffassung, dass es ein ungleicher Krieg ist, und Start-ups sind dazu bestimmt, ihn zu verlieren. Daher sollten sie sich gar nicht darauf einlassen.«

Wir wollten ebenfalls auf dem Rücken eines etablierten Unternehmens mitsurfen. Das Problem: Wir hatten keine neue Technik oder ein disruptives Angebot, das diesem einen Vorsprung auf dem Markt ermöglicht hätte. Vielmehr waren wir es, die ein altes Produkt neu vermarkten wollten. Wir waren erleichtert, einen so etablierten Großen als Partner gefunden zu haben, und verzichteten aus falscher Dankbarkeit auf detaillierte Verträge. Wir haben es schön auf bayrisch gemacht: kurze Eckpunkte notiert, Handschlag im Lager, einen Schnaps drauf. Bloß half uns das nicht, als die Reaktionen nach den Verhandlungen auch in die Richtung gingen wie: »Wenn ihr es so nicht wollt, dann sucht euch eben jemand anderen.« Die Kröte mussten wir dann schlucken.

Verträge aber sind Standardprocedere und sie werden dir nur von Leuten übelgenommen, die ohnehin etwas im Schilde führen – oder unprofessionell sind. Meine Lehre daraus: Man sollte sich den Umstand, von nur einem Partner abhängig zu sein, für die Ehe aufsparen. Start-ups scheinen das auch zu ahnen. Von denjenigen, die Kooperationen mit etablierten Unternehmen eingehen, haben laut *DSM 2018* nur 22,1 % einen einzigen Kooperationspartner, während der Hauptanteil (41,2 %) zwei bis drei Kooperationspartner wählt und wiederum 21,7 % sich für vier bis sechs Kooperationspartner entscheiden (Kollmann u. a. 2018). Da wird also auch einiges an Papierkram fällig. Im Falle einer Kooperation aber gilt immer: Verträge geben Sicherheit.

Dann muss man eben als David losgehen und sagen: »Du, Goliath, bevor's losgeht, du musst hier mal kurz unterschreiben.« In neun von zehn Fällen macht er das auch, wenn du ein gutes Produkt hast und er das erkennt.

8.4 Do it: Verträge mit Investoren

Dass Verträge mit Investoren wichtig sind, bedarf wohl kaum einer Erklärung. Aber keine Angst, das vergisst man nicht: Ein Investor legt dir ohnehin als Erstes einen Vertrag auf den Tisch, noch bevor auch nur ein Cent fließt. Das ist so sicher wie das Amen in der Kirche. Oft handelt es sich dabei um Standardverträge, die zu seinem Vorteil formuliert sind, und man sollte sie auf jeden Fall von einem Anwalt prüfen lassen. Gleichzeitig sollte man über den Investor auch Informationen einholen und nicht blindlings unterschreiben, weil die fünf Nullen den Verstand verwirrt haben.

Man muss nicht zu jedem Treffen mit potenziellen Geldgebern oder Business Angels einen Anwalt anschleppen, das geht auch gar nicht. Bei Verhandlungen im Ernstfall der Investition bzw. Term-Sheet-Verhandlung empfiehlt sich das Hinzuziehen eines Anwalts jedoch unbedingt. Ein erfahrener oder ambitionierter Anwalt hat im Idealfall bereits Gespräche dieser Art geführt und weiß, wann Investoren ihre Tricks und Kniffe anwenden, beispielsweise wenn ein Manager eines VC-Fonds bei der Verhandlung des angesprochenen Vesting-Vertrags, der die Anteile bei vorzeitigem Ausscheiden der Gründer regelt, Bemerkungen fallen lässt wie: »Nur eine Dauer von 1,5 Jahren? Das klingt ja, als wollt ihr sofort aussteigen, nachdem das Geld fließt?!« Das verführt den Gründer sofort zur demonstrativen Verneinung und damit auch (un)gewollt zum Abweichen von seinem Ziel und seiner Strategie.

Man muss sich immer ins Bewusstsein rufen: Man holt sich mit einem Investor einen Partner ins Boot. Im wahrsten Sinne des Wortes. Ein Investor ist kein karitativer Wohltäter, kein philanthropischer Spender oder jemand, der sich in deine Weltanschauung verliebt hat – sondern jemand, der sein Geld vermehrt sehen will. Ihm ist daran gelegen, dass dein Start-up wächst, weil damit auch der

Wert und die Investition wachsen. Er wird dir keine Steine zwischen die Füße werfen, die dich ins Stolpern bringen, sondern unterstützen. Aber er lässt sich sein Engagement mit Anteilen am Start-up vergüten und ist in der Regel ein Profi darin, sich im Falle eines Scheiterns abzudecken.

Aber was wiederum ist der Unterschied von »Scheitern«, »nicht erreichtem Ziel« oder »noch nicht erreichtem Ziel«? Und wann geht das eine in das andere über?

Auch das klärt man am besten im Vorfeld, mit einem Vertrag.

Wie du gegen die Wand fährst:
- Einen Gründervertrag brauchst du nicht.
- Du machst keine Verträge, weil du denkst, schriftliche Vereinbarungen seien unter Freuden oder innerhalb der Familie nicht notwendig, sondern ein Zeichen von Misstrauen.
- Aus falscher Dankbarkeit verzichtest du auf detaillierte Verträge, weil du einen hilfreichen Partner gefunden hast, der sich mit dir einlassen will.
- Du lässt Verträge nicht vom Anwalt prüfen.
- Investorenverträge unterschreibst du nur mit Dollarzeichen in den Augen und du siehst die Ausrufezeichen nicht.

Was sind die Konsequenzen:
- Unklarheiten beim Ausstieg eines oder mehrerer Gründer. Es kann schnell passieren, dass jemand die Selbstständigkeit nicht mag, ein anderer lieber die Welt erkundet oder sich aus gesundheitlichen Gründen zurückziehen muss.
- Ein fehlendes, klares Navigationsgerüst für das Gründerteam. Fehlende Verträge können zur gegenseitigen Verunsicherung innerhalb der Partner führen.

- Merksatz: »Vertrag kommt von *sich vertragen*.« Gehen die Dinge nicht in die geplante Richtung, gehen wichtige Menschen und Freundschaften oft verloren.
- Der Teufel liegt in den Details und was du nicht bedacht hast, holt dich irgendwann ein. Zeigt sich dein (strategischer) Partner nicht kooperativ, ziehst du den Kürzeren: Sein Unternehmen hustet nur, deins hat aber Lungenentzündung.
- Auch wenn du den Vertrag wörtlich verstehst oder vielleicht sogar selbst aufgesetzt hast, es kann Fallstricke geben, die du nicht kennst oder nicht kennen kannst: rechtlich, steuerlich, insolvenztechnisch, die dir oder deinem Partner schaden können.
- Verträge mit Investoren entscheiden darüber, ob du nur Anteile oder deine Seele gleich mit verkaufst. Geld ist das eine, aber ein gewiefter Investorenvertrag, den du nicht hast prüfen lassen, zieht dir dein Startup unter dem Hintern weg, ohne dass du es merkst.

Wie du die Wand umfährst:
- Gründervertrag aufsetzen und entscheidende Parameter wie Geschäftsanteile, Rechte und Pflichten innerhalb des Gründungsteams definieren.
- Besprich Details mit lieben Menschen, wenn man gut miteinander ist, im Streit ist das exponentiell schwieriger.
- Mit (strategischen) Partnern ist ein Vertrag wichtig, gerade wenn ein Kräfteungleichgewicht besteht; meidet der Stärkere den Vertrag, meide du den Stärkeren.
- Besorge dir einen guten Anwalt... ja, das gibt es!

- Ein Anwalt kostet vielleicht ein paar hundert oder wenige tausend Euro bei großen Brocken, aber er kann dir am Ende das zigfache an Geld und vor allem Zeit sparen. Und: Es geht um deinen Lebenstraum!

Kapitel 9

Austausch und Verschwiegenheit

Wann du sprechen sollst.
Und wann es sich lohnt,
zu schweigen.

Im letzten Kapitel habe ich das *Innovators Dilemma* erwähnt, also die Möglichkeit, dass etablierte Unternehmen aufgrund ihrer Größe nicht rasch genug auf technische und soziale Entwicklungen reagieren können und dadurch am Markt entscheidend in Rückstand geraten.

9.1 Klappe auf: Erzähl deine Idee!

An dieser Stelle möchte ich von einem weiteren Dilemma sprechen, das ich als den *Ur-Zwiespalt des Gründers* bezeichnen möchte oder, weil alles in der Start-up-Sprache Englisch sexier klingt, als das *Founders Antagonism*. Es ist ein Gefühl der inneren Zerrissenheit, das bereits in der Phase vor der Gründung auftritt: Diese Lust, seine Idee in die Welt hinausschreien zu wollen – um im gleichen Atemzug die Hände vor den Mund zu schlagen. Denn noch während der erste Ton hervordringt, schießen einem Zweifel durch den Kopf: »Dann wird mir die Idee geklaut! Lauscht die Person am Nebentisch etwa mit? Ganz leise sprechen. Nein, am besten gar nicht. Klappe halten.«

Zu groß ist die Angst, die eigene Idee könnte in falsche Ohren gelangen – und gestohlen werden. Man sieht die Ideendiebe aus den Augenwinkeln förmlich nach Hause hecheln, um die Drähte zu ihren jederzeit abrufbaren Business Angels zum Glühen zu bringen. Ich halte es in dieser Hinsicht aber eher wie Oliver Samwer. Der erklärt auf einem seiner Vorträge auf dem *ideaLab!* seiner alten Universität in Vallendar, wo er regelmäßig auftritt: »Float your ideas! Don't hide it, don't be afraid!« Also: Raus damit! In die Welt hinaus! Man muss sich umhören, Feedback einholen, die Idee an der Realität überprüfen (Gebhardt 2014). Es mag etwas ironisch anmuten, dass ausgerechnet Oliver Samwer empfiehlt, keine Angst vor Ideenklau zu haben – immerhin wird dem Rocket-Gründer häufig ein Copycat-Verhalten in seinen Unternehmungen nachgesagt. Aber seine Vorträge sind unterhaltsam und rütteln an dem, was in Deutschland immer noch vorherrscht: mangelnder Unternehmergeist und eine Mentalität, die Scheitern mit Scham verbindet. Und er hat Recht: Es ist unwahrscheinlich, dass jemand direkt ins nächste Patentamt stagedived, um deine Idee anzumelden. Niemand hat sie schließlich so konkret im Kopf wie du, niemand kann sie mit so viel Inbrunst vertreten. Vielmehr sollte man sich unterschiedliche Meinungen einholen. So lernt man, seine Vision in ein paar Sätzen zu erklären und auch, sein Konzept klar zuzuspitzen.

In unserem Fall war es nicht sonderlich schwer, unsere Idee zu floaten. Wir erfanden keine neue Spirituosengattung, die Wodka, Whiskey oder Gin weg disruptieren würde. Wir wollten eine bestehende Getränkegattung um ein besonderes Premium-Produkt erweitern. Die Meinungen darüber gingen auseinander. Aus der Spirituosenszene hörten wir ein abwehrendes »Lasst das!«, im privaten Umfeld ein aufmunterndes »Macht das!«. Hätten wir aber niemandem davon erzählt, hätten wir auch vieles nicht erfahren, was uns die Umsetzung erleichterte.

9.2 Klappe auf: untereinander sprechen!

Kommt die Rede auf Start-ups, sind häufig Klischees die Folge. Die Menschen denken an Lofts, in denen Hipster den ganzen Tag auf Bildschirme starren. Ob am Schreibtisch, am Stehpult oder in der Sofalandschaft, die digitale Crowd ist immer online und slacked sich durch Projekte, außer wenn man kurz für das Quinoa-Acai-Müsli Platz in der Open Space Lounge nimmt und ein paar Whatsapp-Nachrichten verschickt. Sprich: Persönliche Kommunikation wird auf ein Minimum beschränkt und wenn sie passiert, geschieht sie digital.

Stimmt auch alles, einerseits. Es gibt andererseits aber auch einen neuen Trend bei Start-ups. Er heißt: miteinander sprechen. Das ist nach wie vor der beste Weg, Missverständnisse zu vermeiden oder auszuräumen – zumindest laut Garry Tan (2017). Der US-Amerikaner hat als Gründer Start-ups wie *Posterous* an Twitter verkauft oder war für den VC-Investor *Y Combinator* tätig. Aber auch seine Erfahrung schützte ihn nicht davor, einen nur allzu menschlichen Fehler zu begehen: im Sinne einer falschen Harmonie persönlichen Konflikten auszuweichen.

»Bevor ich mich aus meinem letzten Start-up zurückgezogen habe, konnte ich nicht schlafen, ich konnte nicht essen, mein Ruhepuls betrug 120. Ich hatte einen Punkt erreicht, an dem ich mich mit meinem Mitgründer nicht mehr über die Zukunft unseres Unternehmens einigen konnte. Ich musste aus dem Start-up ausscheiden, für das ich Blut, Schweiß und Tränen geschwitzt hatte. Ich wollte es nicht tun, aber ich war körperlich und mental an einem Punkt, an dem ich den Stress nicht mehr bewältigen konnte«, schreibt er in einem Beitrag auf *TechCrunch* über ein Problem, das wie Treibsand in einem Start-up lauert: die Tatsache, dass erste Erfolge tieferliegende Ungereimtheiten unter den Gründern kaschieren.

Garry Tan beschreibt, dass er und sein Partner aufgehört hätten, Zeit miteinander zu verbringen, um möglichen Disputen aus dem Weg zu gehen. In dem Wunsch, erfolgreich zu sein und das Bild eines tollen Gründerduos aufrechtzuerhalten, das sich auch persönlich nahe steht, hätte er die harte Arbeit übergangen, die überhaupt erst die Basis für eine Geschäftsbeziehung sei: Konflikte anzunehmen und zu lösen. Das sei ein Problem, dem er in seiner Arbeit als Ratgeber oder Investor bei Gründern immer und immer wieder begegnen würde. Seine Lösung? »Sprich mit Freunden, denen du vertraust, sprich mit Investoren und Mentoren. Und denke immer daran: Ein Start-up ist eine verrückte Angelegenheit. Du probierst etwas, was zuvor noch nie jemand probiert hat. Das kann sich sehr einsam anfühlen, als ob du der erste Mensch wärst, der jemals vor diesem Problem gestanden hätte. Es hilft, darüber mit Gründern und Freunden zu sprechen, was du durchmachst.«

Wenn das ein wenig danach klingt, als würde man bei einem Aperol Spritz oder Bierchen mit seiner besten Freundin oder seinem besten Freund über Beziehungsprobleme sprechen – dann ist das Absicht. Das Verhältnis von Gründern innerhalb eines Start-ups ist nichts anderes als eine Beziehung. Der US-Psychologe John Gottman hat in einem seiner bekannten Werke vier Kommunikationssünden definiert, die ihn mit hoher Wahrscheinlichkeit vorhersagen lassen, ob eine Beziehung funktionieren wird oder nicht. Diese sind 1) Kritik (Schuldzuweisungen und Anklagen an das Gegenüber), 2) Abwehr (Verleugnung der eigenen Anteile), 3) Verachtung und Geringschätzung und 4) Mauern und Rückzug (Gottman 2017). Übersetzt heißt das: Bist du als Gründer an Punkt vier angelangt, hältst du deinen Partner für ein unfähiges, egoistisches Arschloch und täuscht ein fiktives Telefonat vor, um bloß nicht mit ihm oder ihr auf dem Flur sprechen zu müssen.

Der Psychologe Gottman hat diese Gründe etwas bombastisch *Apokalyptische Reiter* benannt, und seine Thesen viel mehr im Hinblick auf eine romantische Beziehung verfasst. Und auch wenn Beziehungen unter Gründern eher selten durch Make-up-Sex repariert werden, das Auftreten der apokalyptischen Pferdefreunde lässt auch Entrepreneure verstummen, lässt Sympathie in Aversion umschlagen, lässt Visionen zu Zerrbildern mutieren – und bringt Start-ups letztlich zum Scheitern. Ständiges Aufeinander-Eingehen und regelmäßige Konfliktlösung lassen unterschiedliche Auffassungen jedoch gar nicht erst zu unüberwindbaren Hürden werden. Klingt wie aus einem Horoskop, ich weiß, aber es ist so: Man muss sich regelmäßig gegenübersitzen und aussprechen.

Mein Partner und ich trafen uns einmal im Monat zu einem klärenden Gespräch. Nicht bei ihm, nicht bei mir, nicht im Büro, sondern auf neutralem Boden. Da ich verstärkt im operativen Geschäft des Start-ups tätig war und mein Partner, der hauptberuflich als Mediziner tätig war, mehr als Sparringpartner für Ideen zur Verfügung stand, gab es erst mal ein Update – und dann Tacheles. So wussten wir immer, wo der andere steht.

»Erfolg überdeckt viele Sünden«, beschreibt Garry Tan in seinem Blick zurück. »Die Dinge können oberflächlich betrachtet gut aussehen, während unter der Oberfläche etwas schief läuft, ohne dass man es bemerkt. Es ist das gefährliche Glatteis der Start-ups. Für jedes Start-up geht es früher oder später abwärts. Man kann nicht immer auf gute Zeiten rechnen – Winter is coming.« Und dann sprechen bekanntlich auch die verfeindeten Lager auf Westeros miteinander.

9.3 Klappe auf. Aber auch Klappe zu: andere Start-ups

Wie heißt es so schön: Es braucht ein Dorf, um ein Kind großzuziehen. Und das gilt erst recht für ein Start-up. Es ist möglich, ganz allein in Bielefeld vor sich hinwerkelnd zum Weltführer zu werden (Amazon-Gründer Jeff Bezos stammt aus Albuquerque, auch nicht gerade der Nabel der Welt), aber es ist unwahrscheinlich. Heute noch umso mehr als in den Goldrush-Tagen des Internets. Vielmehr braucht man die Nähe von anderen Gründern. Man kann sich mit Gleichgesinnten über Programme, Erfahrungen oder Acceleratoren unterhalten, gemeinsam günstige Büros mieten oder sich teure Messestände günstig teilen. Wenn mich jemand gefragt hat, wie es auf der Gründerkonferenz *Bits & Pretzels* in München war, konnte ich sagen, dass wir die einzigen waren, die ihren Pitch ohne iPad gemacht haben. Aber wir waren da. Denn du lernst auch rasch: Präsenz ist alles.

Auch im *DSM 2018* bewerten 63 % der befragten Gründer den Mehrwert eines regionalen Clusters, also von auf engem Raum versammelten Start-up-Bienenstöcken, deren Teil sie sind, mit eher hoch bis sehr hoch (Kollmann u. a. 2018). Nur 34 % betrachten hingegen den Mehrwert als gering bis neutral. Eindeutig Position hingegen bezieht der *Startup Genome Report* (2018), eine der größten Umfragen, an der jährlich mehr als 10 000 Gründer in mehr als 30 Nationen teilnehmen. *Startup Genome* beleuchtet seit 2011 Entwicklungen in den einzelnen Sektoren oder Start-up-Ökosystemen, im *Global Startup Ecosystem Report 2018* widmete man sich eingehend dem Thema Vernetzung. Man kommt dabei zu folgendem Schluss: »Lokale Verbundenheit – vor allem Beziehungen zu anderen Gründern – steht in starkem Zusammenhang mit einer höheren Start-up-Performance. Nicht weniger wichtig, steht schwache lokale Verbundenheit in starkem Zusammenhang mit niedriger Start-up-Performance ... Trittbrettfahrerei der Unvernetzten ist nahezu unmöglich. Ohne Ausnahme liegen die Gründer mit der schwächsten Vernetzung im Bereich Geschäftsentwicklung am Ende des Feldes.«

Starke Vernetzung, intensiver Austausch und ein gesundes Konkurrenzverhalten bilden also den Nährboden für stärkeres Wachstum. Mit einer Spezialisierung auf einen Sub-Sektor gelingt es auch kleineren Ökosystemen abseits großer Namen wie Silicon Valley, London, Tel Aviv oder Helsinki, in diesem führend zu werden. So hat von 100 beobachteten Ökosystemen Frankfurt die höchste Dichte eines Sub-Sektors, nämlich im Bereich der FinTechs. Darüber hinaus rangiert die hessische Finanzmetropole unter den Top 5 von globalen Beziehungen, die auf lokale treffen. Sprich: Gründer von internationalen Top-Ökosystemen kommen nach Frankfurt, um sich mit den dortigen Gründern zu vernetzen. Wenn man ein Fin-Tech gründen will, stehen die Chancen dafür in Frankfurt/Main also deutlich besser als in Frankfurt/Oder.

Wie jede Medaille hat aber auch das glänzende Gold der Vernetzung zwei Seiten: Austausch ist essenziell, Ausnutzung weniger. Auch wir nutzten Gründerforen, Start-up-Treffen oder Acceleratoren. Es war toll, bereichernd, augenöffnend. Mit der Zeit aber haben wir mehr und mehr Abstand davon genommen. Warum? Zum einen, weil das Tagwerk irgendwann überwiegt, und zum anderen, weil das Prinzip »Startup-hilft-Startup« vor allem zieht, solange der Drive da ist. Aber unterm Strich ist es immer auch eine opportunistische und egoistische Sache. Jeder will schließlich sein eigenes Produkt pushen und hat damit genug zu tun.

Man merkt relativ rasch, wenn das Ding kippt. Wir haben mit einem Kontakt immer wieder gerne geholfen. Es kamen aber auch regelmäßig Fragen wie: »Wow, ihr habt ja eine Riesen-Kontaktliste, könnt ihr uns die mal schicken?« Dann gab es ein klares »Nein«. Die Folge waren mitunter empörte Reaktionen, etwa: »Ihr habt ja auch mal angefangen und wisst, wie schwer das ist!« Wir wissen das. Aber wir haben auch verdammt viel Zeit und Geld in die Hand genommen. Diese vermeintliche gegenseitige Hilfe funktioniert immer so lange, bis sich einer benachteiligt fühlt. Wenn jemand dreimal in der Woche anruft und erwartet, dass man eine Stunde Zeit für ihn aufbringt, und das umsonst – dann ist das kein Geschäftsmodell.

An diesem Punkt trifft man jedoch nicht immer auf Verständnis. Wir haben auch gute Partnerschaften aufgebaut, bei denen gegenseitiges Verständnis überwogen hat. Aber das waren nur eine Handvoll. Deswegen gilt an dem Punkt Kommunikation mit anderen Start-ups: Sei der Regen, aber nicht der Wasserfall. Führe vernünftige Gespräche, tausche dich über Ideen und Erfahrungen aus. Gegenseitige Befruchtung ist das Stichwort. Aber plappere nicht alles aus und reiche nicht jedem dein Insiderwissen weiter, nur weil man vermeintlich im selben Boot sitzt.

Du sitzt nämlich in deinem eigenen Boot. Ganz sicher.

9.4 Klappe auf: Halte deine Investoren auf dem Laufenden

Es ist nur allzu menschlich, dass manch negative Erfahrung Misstrauen nach sich zieht. Das ist einerseits gesund, sollte aber nicht in Verschwiegenheit gegenüber denjenigen ausarten, die auf deiner Seite stehen: den Investoren. Der Niederländer Patrick de Zeeuw ist früherer Mitarbeiter beim TV-Produzenten *Endemol*, heutiger Serial-Entrepreneur, Investor und Mitgründer von *Startupbootcamp*, einem Accelerator-Netzwerk, das in Amsterdam, Dublin, Kopenhagen, Haifa and Berlin tätig ist. Einer der größten Fehler, den Start-ups machen können, ist seine Beobachtung, dass Gründer ihre Investoren nicht auf dem Laufenden über die Entwicklung halten. Diese hätten (siehe Kapitel 1 und 2) schließlich vor allem in die Idee und die Personen investiert und seien begeistert vom Potenzial des Start-ups gewesen (Zeeuw, de 2018).

Aber viele Gründer, so de Zeeuw, scheinen das zu vergessen. Sobald das Geld auf dem Konto eingetrudelt ist, betrachten sie die Notwendigkeit, ihre Investoren über den Verlauf zu informieren, nicht als wesentliche Kernaufgabe. Die Folge seien frustrierte Investoren, vergebene Möglichkeiten, keine Investitionen in der nächsten Finanzierungsrunde – letztlich Stillstand. Gerade in den ersten Monaten, in denen ein Start-up häufig noch keine Einnahmen generiert, sollten Gründer regelmäßig mit ihren Investoren kommunizieren und mit ihnen die folgenden Fragen durchgehen:

– Was haben wir letzten Monat getan?
– Was werden wir kommenden Monat machen?

- Wo brauchen wir Hilfe?
- Update des Cashflows

»Startups, die besser kommunizieren, performen besser«, resümiert der ehemalige Snowboard- und jetzige Start-up-Profi. Also: Klappe auf gegenüber Investoren. Auch – oder gerade wenn – die Verhandlungsrunde womöglich schwierig war und die Enttäuschung, dass der Investor die eine oder andere Regel nicht nach Wunsch durchgewunken hat, noch in den Knochen steckt. Man sollte immer daran denken: Niemandem ist an einem erfolglosen Geschäft gelegen. Business Angels lassen sich ohnehin Einblick- und Auskunftsrechte per Vertrag einräumen – oder sollten das tun. Das ist auch nicht schlecht: Ein eingebundener Business Angel ist ein aktiver Business Angel, der im Idealfall nicht nur mit Geld, sondern mit Erfahrungswerten, Fragen, Kontakten oder Coaching hilft. Unser Business Angel war menschlich ein Volltreffer, der viel Ruhe ausstrahlte. Das ist einerseits hervorragend, wenn es gut läuft, aber andererseits auch ein wenig kontraproduktiv, denn dann fehlt an manchen Stellen etwas Initiative. Aber zumindest sind wir uns nach der Insolvenz nicht spinnefeind, auch wenn erst mal ein wenig Gras darüber wachsen musste.

9.5 Klappe zu: Du hast Geld bekommen

Der einfachste Punkt zum Schluss: Mund halten, wenn Geld geflossen ist.

Es ist wirklich sehr einfach. Warum? Wenn du zu einem Dienstleister gehst und ihm sagst, dass du diese oder jene Leistung brauchst und gestern 250 000 Euro auf dein Konto bekommen hast, welche Gefühle wird das bei ihm auslösen? Er rackert jeden Tag, aber niemand gibt ihm so eine Summe. Dass man das Geld in Mitarbeiter, Geräte, Waren oder Werbung steckt, ist zweitrangig. Der

Dienstleister sieht keinen Grund mehr, dir entgegenzukommen, also ist deine Verhandlungsposition schlechter. Auch Agenturen, die dem Start-up ohne Kohle am Anfang ein gutes Angebot gemacht haben, gehen deutlich höher ins Gebot oder machen Lockangebote, die gut klingen, aber wesentliche Teile nicht enthalten. Sprich: Die Menschen werden neidisch, weil sie denken, dass von den 250 000 Euro gleich mal 100 000 auf deinem Konto landen und du bereits die Flip-Flops für den Trip nach Ibiza gepackt hast. Kooperationspartner wollen mehr haben, denn sie denken: »Läuft ja bei dir.« Alle wollen ein Stück vom Kuchen, da sie davon ausgehen, es sei dein Kuchen. In Wirklichkeit ist der Kuchen aber bereits gegessen, noch bevor er gebacken ist – aber das checkt eben keiner.

Außer andere Gründer, mit denen man sich über diese Dinge unterhalten kann und auch unterhalten sollte.

Wie du gegen die Wand fährst:
- Du verrätst an den falschen Stellen zu viel und an den richtigen Stellen zu wenig, aber du erzählst jedem von der letzten, erfolgreichen Finanzierungsrunde.
- Vor lauter Angst, es könne dir die Idee geklaut werden, sprichst du mit niemandem.
- Innerhalb des Gründungsteams zu wenig miteinander sprechen und inneren Konflikten aus dem Weg gehen.
- Du wirst zum Oberwohltäter bei Start-ups helfen Start-ups.

Was sind die Konsequenzen:
- Dienstleister machen dir teurere Angebote, Angestellte verlangen mehr und dein vermeintlicher Reichtum spricht sich schnell herum. Die, mit denen du dich austauschen solltest, meidest du, obwohl sie dir helfen könnten, und andere

surfen auf deiner Arbeit. Das geschieht, wenn man nicht weiß, mit wem man über was reden kann und sollte.
- Dir entgeht wertvolles Feedback zu deiner Idee und du musst Energie und Geld in Themen stecken, die du vorher hättest abklären können.
- Solange das Start-up gut läuft, überdeckt der Erfolg die Differenzen. Aber wenn Probleme auftauchen, kommt es umso schneller zum Bruch, weil die Basis nicht stark genug ist. Daher sollte man auch bei ruhigem Gewässer als Gründungsteams regelmäßig miteinander sprechen.
- Du wirst zum Esel, auf dem die anderen zum Erfolg reiten.

Wie du die Wand umfährst:
- Mach dir bewusst, wem du was erzählen kannst und solltest, es ist absolut wichtig. Aber auch wenn in der Start-up-Szene gern und viel über Geld gesprochen wird ... sei hier ein guter Zuhörer, kein guter Redner.
- Ein erfolgreiches Start-up gründet sich nicht in der Einsiedelei einer Besenkammer. Man muss von seiner Idee erzählen, Meinungen darüber einholen. Austausch mit anderen Start-ups und Gründern ist essenziell.
- Austausch ist essenziell, Ausnutzung weniger. Man muss die richtige Mischung aus Schweigen und Sprechen finden. Grundsätzlich gilt: intern lieber mehr als weniger sprechen, nach außen nicht mehr als notwendig preisgeben. Dabei die Investoren nicht als »außen« betrachten, sondern als jemanden, der auf einer Seite steht. Also solltest du hier den Austausch offenhalten, auch wenn es vielleicht manchmal schwerfällt.

- Sei immer nett und ein guter Ansprechpartner für Fragen, die dich auch selbst weiterbringen. Aber jede Information, die dich Geld oder viel Zeit gekostet hat: nicht verschenken. Verkaufen oder tauschen.

Kapitel 10

Team und Mitarbeiter

Mit wem du zusammenarbeiten solltest und mit wem nicht. Und warum du härter hustlest als Berlin.

Ich habe bereits darauf hingewiesen, dass Gründerteams unbedingt Verträge aufsetzen sollen, um die wichtigsten Parameter der Zusammenarbeit zu definieren. Die beste Absicherung, dass man dieses Schriftstück danach nicht mehr benötigt, ist eine andere: im Vorfeld die richtigen Partner finden.

Die meisten Start-ups werden von einem Team gegründet, das aus zwei oder drei Personen besteht. Auch der *Genome Report* berichtet, dass die größten Erfolgsaussichten weltweit auf Start-ups fallen, die von einem Trio ins Leben gerufen wurden (Startup Genome 2018). Das klingt nur allzu logisch: Als Einzelkämpfer hat man es eben schwer, jede Anforderung von A wie Anwalt bis Z wie Zahlenkolonne alleine zu bewältigen. Als Quartett werden die Meinungen vielfältiger, die Diskussionen langwieriger und die Entscheidungsprozesse lahmen, wodurch das Start-up langsamer ist, als es sein könnte. Bei fünf oder mehr Gründern heißt es: rasch auf das Pferd und raus aus der Stadt!

Auf wie viele Mitglieder man sich letztlich im Gründungsteam einigt: Die Fachwelt ist sich einig, dass diese unterschiedliche Eigenschaften mitbringen sollten. Um ein Start-up erfolgreich zu machen, muss das Team wie die *X-Men* aufgestellt sein: hier der unverwundbare Sprücheklopfer, da der technische Visionär, dort der weitsichtige Stratege. In der Start-up-Szene gibt es dafür das wunderbare Tautogramm *Hacker, Hipster, Hustler* (Nair 2017). Die – im Sinne der Unterscheidung leicht überzeichneten – Definitionen sind folgende:
- Der Hacker ist die Person, die programmiert, für den Code zuständig ist und den Großteil ihrer Zeit am Rechner verbringt. Also auch: der Nerd. Sie ist verantwortlich für die Technologie, auf der das Start-up basiert. Die Eigenschaften des Hackers: analytisch, fokussiert, strukturiert.
- Der Hipster ist die Person, die für das optische Erschei-

nungsbild des Produkts zuständig ist und sich am Puls der Zeit bewegt. Sie kümmert sich um Design, Marketing und das allgemeine Look & Feel. Die Eigenschaften des Hipsters: kreativ, geschmackssicher, aufmerksam.
- Der Hustler ist die Person, die dafür sorgt, dass der Laden läuft. Sie verkauft das Produkt, ist ständig am netzwerken, vermittelt die Vision und Passion an Mitarbeiter oder Investoren. Im Allgemeinen ist sie der CEO. Die Eigenschaften des Hustlers: extrovertiert, tatkräftig, wachstumsorientiert.

Man sollte sich also bei einer Gründung die ehrliche Frage stellen: Welcher Typ ist man selbst? Und welche Charakteristik trifft auf die anderen zu? Denn nicht jeder ist zum CEO eines Start-ups gemacht, wo ein sehr breites Arbeitsspektrum auf einen wartet *(siehe auch Kapitel 15)*. So kommt es einerseits sehr häufig zu Gründungen in digitalen Geschäftszweigen, wobei vor allem Programmierer benötigt werden, auf der anderen Seite beobachtet der *DSM 2108*, dass weniger derart ausgebildete Personen einem Gründungsteam angehören (Kollmann u. a. 2018). Als Erklärung mag das alte Klischee des Nerds herhalten, der genial mit Codes hantiert, aber bestenfalls als *socially awkward* rüberkommt. Ihn oder sie in einen Raum mit Investoren zu setzen, wo es auf Schlagfertigkeit mindestens genauso ankommt wie auf Zahlenwissen und Unternehmervokabular, heißt, sie den Löwen zum Fraß vorzuwerfen – Klischees sind schließlich ja nur fahnenflüchtige Wahrheiten.

Und wie würde es sich erst im Fall eines Gründertrios aus drei Hackertypen verhalten? Das Ergebnis ist ein bestimmt genialer Code, nur strahlt das Produkt das Charisma einer Verkehrsstange aus und außerhalb der verschlüsselten Deep-Web-Community erfährt niemand davon. Drei Hipster? Ergibt bestimmt ein feinsinniges, ultramodernes Produkt für die urbanen Connaisseurs, allerdings ist in drei Monaten kein Geld mehr da, weil die drei Kreativlinge nicht verhandeln können und sich nicht »nein« sagen trauen. Und drei Hustler als Gründungstrio? Dann am besten gleich Boxhandschuhe dazukaufen und Entscheidungen im Ring austragen. »Kritisch bin ich besonders dann, wenn die Gründer bereits langjährige Freunde sind, dasselbe Fach studieren und sich sehr ähnlich sind«, schreibt auch Prof. Dr. August-Wilhelm Scheer (2014), Inhaber der Scheer Holding in Saarbrücken und einer der Informatik-Pioniere Deutschlands.

Wir waren in unserem Start-up ein Gründer-Duo, wobei mein Partner eher der Hipster und ich eher der Hacker war – und hustlen konnten wir beide gut. Denn was man schnell lernen sollte: Man darf sich als Gründer nicht zu schade für irgendetwas sein. Man sollte sich klar machen, welcher Charaktertyp man ist, aber auch, dass man zu Beginn vor allem Generalist sein muss. Man macht das, was notwendig ist, um vorwärtszukommen, eben hustlen. Der eine geht vielleicht lieber auf Akquise, während der andere ungern Zeit mit digitalen Aufgaben verbringt. Wenn das Unternehmen später Fahrt aufnimmt, macht es Sinn, die Köpfe auf ihre Kernkompetenzen zu setzen. Aber gerade am Anfang sollte jeder verstehen, dass man im Zweifel selbst die Drei-Mann-Tanzband sein muss, die nur ein Ziel hat: die Leute auf die Tanzfläche zu bringen!

10.1 Mitarbeiter: Heuere klug, feuere klüger!

Apropos hustlen: Ich lebe in Regensburg, aber mein Start-up hat mich einige Male nach Berlin gebracht, ob nun für Messen, Akquisen oder Netzwerken. Auf den Straßen Berlins sieht man heute regelmäßig Plakate und Werbung für diverse Gründermessen oder digitale Events, ob sie nun *Hub.Berlin*, *Startup Camp Berlin* oder *re:publica* heißen.

Dazwischen sieht man auch immer wieder Sticker, die meine Aufmerksamkeit geweckt haben. Auf ihnen steht *Berlin hustles harder*.

Der Spruch gehört zu einem Modelabel, könnte aber genauso gut symbolisch für die deutsche Gründerhochburg stehen: Ja, in Berlin geht was. Das sollte sich mittlerweile herumgesprochen haben. Laut *Global City Power Index* hat nur San Francisco bessere Konditionen für Gründer (Catharina 2018). Ein Fünftel aller hier ansässigen Start-ups haben sich aus anderen Ländern hierher verlagert, weltweit der höchste Wert. Vier von zehn Gründungen in Berlin sind internationale Unternehmen. Nicht alles ist dabei Gold, das glänzt, wie auch Jochen Kalka in seinem Buch *Die Start-up Lüge* (2019) erzählt. Der Ausbeutungsfaktor in der Start-up-Szene ist hoch, denn vieles an dieser ist romantisiert. Trotzdem sind Start-ups mittlerweile der fünftgrößte Arbeitgeber in Berlin. Es gibt in Berlin weniger Probleme, Mitarbeiter zu bekommen, und das, obwohl Mangel an bezahlbarem Büroplatz und steigende Mieten auch vor dem lange günstigen Berlin nicht halt machen. Aber die Menschheit zieht es in die Städte und Start-ups erst recht: Gleichgesinnte, besseres und schnelleres Internet, internationale Anbindung, mehr Investoren, cooler Lifestyle – es gibt viele Gründe. Zusammengefasst: Wer zu wenig verdient, kann wenigstens im Berghain abfeiern.

Warum ich das alles sage? Weil Mitarbeiter wichtig sind und laut *PwC-Studie* mangelnde Attraktivität des Standorts das drittgrößte Problem für Start-ups bei ihrer Suche nach Mitarbeitern ist (PwC 2018). Die anderen beiden sind Fachkräftemangel und zu hohe Gehaltsforderungen. Beinahe jedes zweite Start-up in einer Kleinstadt (45 %) nennt seinen unattraktiven Standort als Nachteil.

Man sollte sich also nicht nur überlegen, mit wem man ein Start-up gründet, sondern auch, wo man es gründet. (Nicht missverstehen: Ich will damit nicht sagen, dass man unbedingt nach Berlin ziehen muss. Man sollte diese Dinge nur einfach berücksichtigen.) Denn je kleiner das Team, desto wichtiger ist jeder einzelne Mitarbeiter. Eine schwache Idee kann von einem starken Team gerettet werden, umgekehrt kann ein schwaches Team eine starke Idee in den Sand setzen. Es ist daher wichtig, von Anfang an die richtigen Leute mit ins Boot zu holen. Wenn in einem Rudervierer einer gegen den Takt rudert, kentert der ganze Kahn. Wenn auf einer Galeere einer von Hundert ausfällt, fällt das nicht weiter ins Gewicht (zugegeben, vielleicht gilt das nicht unbedingt für Broker, wie so manche Bankenkrise verdeutlicht hat). Start-ups starten nicht als große Kreuzschiffe, sondern als wendige kleine Boote. Sie hanteln und husteln sich von Hafen zu Hafen, von Investment zu Investment, von Anpassung zu Anpassung. Man hat selten die finanziellen Mittel und die Zeit, mit einem neuen Team von vorne zu beginnen. Das falsche Team zu haben, ist einer der Hauptgründe, weswegen Start-ups scheitern.

10.2 Here come the Men in Black

Höre auf das Bauchgefühl und *setze auf die richtigen Mitarbeiter* und *das Team ist der Star*. Das alles sagt sich leicht. Wie aber findet man diese Stars, diese selbstlosen Hustler, die wie man selbst ihr Leben dem Unternehmen unterordnen? Indem sie die Idee deines Start-ups gut finden, das wäre schon mal ein guter Start. Ein grünes Start-up mit nachhaltig denkenden Mitarbeitern, die morgens auf dem Fahrrad vorfahren, wirst du kaum mit einem Head of HR nach vorne bringen, der von Nestlé kam und im Mercedes anrollt. Der will diesen Mercedes auch haben, denn er will ja keine Abstriche in seinem Status und Lebensstil machen. Soll heißen: Werbe keine Mitarbeiter aus großen Unternehmen ab, zumindest zu Beginn. Diese Leute verlangen häufig zu viel Gehalt und sind oft nicht die Generalisten, die du brauchst. Abgesehen davon sind Menschen, die aus großen Unternehmen kommen, häufig große Quatscher – nicht falsch verstehen: Das ist positiv gemeint und Teil des Karriereplans z. B. im Konzern. Sie haben vor allem gelernt, sich gut zu verkaufen, haben sehr viel Holz in ihrer Vita angesammelt, aber eigentlich war es doch die Wucht des Riesendampfers, der sie mitgezogen hat – und nicht umgekehrt.

Beteiligung der Mitarbeiter am Unternehmen – sogenanntes *Work Investment* – ist ein anderes Mittel, gute Leute ins Team zu holen. Auch Persönlichkeitstests, wie man sie problemlos online finden kann, helfen weiter und geben eine Richtung vor. Der Myers-Briggs-Test kann beispielsweise äußerst erhellende Ergebnisse liefern! Dabei kann man fragen, ob ein Mensch sich tendenziell eher unterordnet oder nicht, ob er selbstkritisch ist oder selbstherrlich, ob er zögerlich ist oder nicht, welcher Personality Type er oder sie ist. Das hilft ungemein weiter für einen selbst und auch für das Team-Building. Es ist aber trotzdem immer auch ein Blick in die Kristallkugel. Man kann auch professionelle Personalcoachs mit der Suche nach Mitarbeitern beauftragen, aber ganz ehrlich: Du willst ja nicht gleich die Hälfte deiner Finanzspritze an externe Recruiter loswerden.

Wäre das hier eine Website, würde ich zu einer Filmszene aus *Men in Black I* verlinken, und zwar zur Szene, in der Will Smith den Eignungstest für die Alien-Task-Force macht. Er ist der Typ Großmaul von der Straße, der sich in einem Raum voller gestriegelter Elite-Kadetten wiederfindet. Die Gruppe sitzt in einem nackten Raum, eingekeilt in unbequemen, absurden Eiersesseln, was dazu führt, dass sich beim Ausfüllen der Fragebögen alle ihre Gliedmaßen verrenken und mit dem Bleistift ihr Papier durchlöchern. Nur der von Will Smith verkörperte Cop zieht den in der Mitte stehenden Tisch, das einzige Objekt im Raum, zu sich an seinen Platz. Dessen Füße quietschen in Tinnitus-Höhen über den Fliesenboden, aber er kann daraufhin als einziger schreiben. Was ich damit sagen will: Solche Mitarbeiter brauchst du. Leute, die anders denken – und sich was trauen.

Was du nicht brauchst, sind Stinkstiefel. Die wird man am besten schnell wieder los, selbst wenn es sich dabei um deine besten Mitarbeiter handelt. Davon ist auch Gary Vaynerchuk (2017) überzeugt. Der gebürtige Weißrusse machte in den 2000ern aus dem Weingeschäft seines Vaters in New Jersey einen Onlinehandel, wurde zum E-Commerce-Pionier, der in Facebook, Uber oder Twitter investierte oder als Berater für Snapchat, Uber, Tumblr, Twitter tätig war. »Am besten findet man sofort heraus: Welcher meiner Mitarbeiter macht die anderen unglücklich? Der muss gehen, ganz egal, ob es der beste Verkäufer, der beste Programmierer oder der Co-Founder ist«, so sein Ansatz. »Warum? Weil ein fauler Apfel gute Äpfel schlecht macht. Alle Mitarbeiter sitzen nur noch herum und lamentieren, wie unglücklich sie sind. Das Unternehmen wird langsamer, und das in einer Zeit, in der Produktionsgeschwindigkeit und die Art und Weise, wie man mit Kunden interagiert, wichtiger sind als jemals zuvor.«

Dass gerade die lautesten Menschen am häufigsten die stinkstiefeligsten sind, weiß jeder, der länger als zehn Minuten auf einen verspäteten Zug warten musste. Daher ist es nicht nur essenziell, das richtige Team zu finden. Es ist genauso essenziell, zu reagieren, wenn jemand doch nicht den Erwartungen entspricht. Wer anstellt, kann auch kündigen. Er muss das sogar. Und wenn es eben – wie Vaynerchuck sagt – der beste Mitarbeiter ist. Man darf sich nicht aus falscher Freundlichkeit in einen Strudel hinabziehen lassen, dafür sind Zeit, Geld und Energie zu kostbar. Jemanden zu entlassen, ist nicht schön und es ist nicht das, warum man ein Start-up gegründet hat. Aber es wird sich nicht vermeiden lassen. Daher ein tröstlicher

Gedanke: Es ist weniger schlimm, als eine Beziehung zu beenden. Wer das schon mal gemacht hat, wird auch dies überstehen.

Eine Faustregel, wie man mit dieser Situation umgeht, gibt es nicht. Die einen üben im stillen Kämmerlein, die anderen platzen in einem impulsiven Moment mit dem angestauten Frust heraus. Ich selbst gehe schwierige Gespräche im Kopf durch und überlege mir, welche Argumente von der Gegenseite kommen werden. Damit sind Argumente und Gegenargumente vorbereitet, aber auch die Meinungen der Gegenseite bedacht – und sie können zuvor reflektiert werden. Ich versuche, die Punkte objektiv zu bewerten, und wenn jemand aus nachvollziehbaren Gründen nicht mehr zur Firma passt, dann muss man sich eben trennen. Ich musste auch nur einmal eine Kündigung aussprechen, in einem sehr unschönen Zusammenhang. Ein Mitarbeiter unserer Bar, die wir im Zuge des Start-ups übernommen hatten, um unser eigenes Produkt mit einem Image zu versehen – und natürlich zu verkaufen –, hatte uns um Einnahmen betrogen. Dabei stellte sich heraus, dass auch einiges aus seiner Biografie erfunden war. Er hatte sich nach und nach als Blender, Stinkstiefel und letztlich auch als Dieb entpuppt, auch wenn er arbeitsmäßig einer der fähigsten Barkeeper ist, den ich kenne. Gutes Pferd, fauler Apfel, raus!

10.3 Die gute Familie

Was mich zum nächsten Punkt bringt: nicht mit Familie oder Freunden arbeiten. Familie und Freunde sind im ersten Moment ein willkommener Support, aber am Ende müssen auch sie ihr Leben bestreiten. Früher oder später muss über Geld gesprochen werden und dann tritt häufig die »Du hast doch erst Geld von einem Investor bekommen«-Attitüde zu Tage. Der eine oder andere empfindet es als Herablassung, für dich zu arbeiten, während du ja vermeintlich Geld ohne Ende hast, ihm aber keine 60 000 Euro Gehalt zahlst.

Jeder erzählt an diesem Punkt letztlich seine eigene Geschichte. Wenn alles – aber wirklich alles – stimmt, kann man Familie und Freunde dazuholen (sie sind ja auch häufig die ersten Geldgeber in der Seed-Phase, siehe Kapitel 4). Meine Empfehlung wäre aber, andere Leute zu holen und eine gesunde, geschäftliche Distanz zu wahren. Wenn man es sich mit einem Mitarbeiter verscherzt, hat man immer noch seine Freunde.

Wenn man es sich mit seinen Freunden verscherzt – dann tut das weh.

> **Wie du gegen die Wand fährst:**
> – Du kennst als Gründer deine Stärken und Schwächen nicht und bist als Typ nicht geeignet, die Anforderungen eines CEO zu meistern.
> – Die Persönlichkeiten und Stärken der Gründer ähneln sich zu sehr.
> – Du erkennst nicht die faulen Äpfel in der Mannschaft.
> – Du kannst dich nicht von Menschen trennen, die nicht in die Atmosphäre des Start-ups passen oder dir schaden.
> – Du lässt Freunde und Familie für dich arbeiten.
>
> **Was sind die Konsequenzen:**
> – Es gehört mehr dazu, ein Unternehmen zu gründen, als sich mit seinen Buddies in einen Raum zu sperren und zu basteln. Die Welt passiert da draußen, dort gibt es viele Menschen und unterschiedliche Charaktere, mit denen man klarkommen muss. Bist du nicht der richtige Typ dazu, wird es dir schwer fallen, dein Startup zum Erfolg zu führen.

- Zu viele Hacker: Produktentwicklung und Technik stehen im Mittelpunkt. (Ingenieure sind die schlechtesten Autoverkäufer.) Zu viele Hipster: Unternehmerische Pflichten bleiben auf der Strecke (es gibt viele Ideen und alles macht Spaß, aber es fehlt der Fokus). Zu viele Hustler: Stallgehabe (zu viele Alphas, die versuchen, ihren Kopf durchzusetzen, zeitraubende Reibereien).
- Ein fauler Apfel steckt gesunde Äpfel an. Wenn ein Mitarbeiter signalisiert, dass man auch mit weniger Leistung das gleiche Gehalt bekommen kann, zieht das erst wenige, dann viele auf das gleiche Level. Erst faulen einzelne Äpfel, dann die ganze Kiste.
- Start-ups haben eine kurze Lebensdauer; wenn Mitarbeiter nicht in das Unternehmen passen und man zu lange an ihnen festhält – aus Loyalität oder weil man sich keine Kündigungen auszusprechen traut –, hat man oft keine zweite Chance.
- Freunde und Familie helfen in der Regel gerne. Sie als Mitarbeiter zu beschäftigen, kann dich aber wichtige Beziehungen kosten, wenn sich herausstellt, dass dein Kumpel oder deine beste Freundin in der Arbeit eher underperformed. Willst du entsprechende Gespräche mit dieser Person führen oder trefft ihr euch doch lieber weiterhin unkompliziert zum Ratsch und Tratsch oder geht ein Bier trinken?

Wie du die Wand umfährst:
- Mache selbst oder mit deinem Team einen Persönlichkeitstest und reflektiere offen und ehrlich. Hole Feedback ein, auch wenn es vielleicht nicht leicht ist. Sei auf jeden Fall in der Lage,

generalistisch zu arbeiten. Grundgedanke: Es hilft nix, weil es gemacht werden muss!
- Das Faust-Prinzip »Hacker, Hipster, Hustler« beachten – alle drei Typen bzw. Aufgabenbereiche, die sie verkörpern, sollten im Team vertreten sein.
- Achte auf die versteckten Signale deiner Mitarbeiter. Musst du zehnmal um etwas bitten, reagiert ein Mitarbeiter pampig oder gleichgültig, hat er offensichtlich schlechte Eigenschaften: jeden Tag bis nachts unterwegs, Spielsucht, andere Laster, desaströser Lebensstil; glaubt mir, man erkennt das, wenn man die Augen offen hält.
- Feuere wenn nötig umgehend. Punkt.
- Familie und Freunde können helfen, sollten aber nicht zu stark in das operative Geschäft des Start-ups eingebunden werden. Früher oder später entstehen Komplikationen. Sie empfinden es als Gefallen, den sie dir tun, und sind dadurch nicht kritikfähig.

Kapitel 11

Skalierbarkeit und Unternehmensform

Und wenn nicht: Shut the fuck up. Oder doch nicht?

Eine Frage, die einem bei der Suche nach Investoren mit ziemlicher Sicherheit schnell gestellt werden wird, ist die mögliche »Skalierbarkeit« des eigenen Start-ups. Die Pupillen von Business Angels leuchten dann wie jene einer Vorschulklasse, die vor Justin Bieber steht, wohingegen die Feststellung einer geringen Skalierbarkeit ihre Blicke trübe werden lässt wie jene von Wahlverlierern.

Verwunderlich ist das nicht. Skalierbarkeit ist ein maßgeblicher Faktor, ob man Investoren finden wird oder nicht – und ob man überhaupt zu einem Gespräch geladen wird oder nicht. Skalierbarkeit bedeutet nämlich, dass die Kosten für das Start-up vor allem zu Beginn des Unternehmens entstehen, also vorwiegend durch die Entwicklung des Produkts, die Umsetzung einer Website oder den Aufbau der Logistik. Steigt aber in späterer Folge die Nachfrage, kann der Umsatz gesteigert werden, ohne dass sich die Fixkosten gleichermaßen erhöhen. Sprich: Die Steigerung des Umsatzes verursacht keine exponentiell steigenden Kosten. Man kann den Umsatz beispielsweise verdoppeln oder verdreifachen, hat dabei aber möglicherweise nur zehn Prozent steigende Fixkosten. Und klarer Fall: dadurch mehr Gewinn.

11.1 Deutschland, ein Markt für digitale Geschäftsideen

Digitale Geschäftsideen sind aufgrund ihrer Natur für diese Skalierbarkeit prädestiniert. Hier wird das Kapital verwendet für die Mitarbeiter, die Markenrechte, die Website, den Vertrieb. Schon bei den monatlichen Fixkosten wie der Miete kann gespart werden, falls man sich in einem Cluster befindet oder sich in einem Start-up-Park eingemietet hat. Vor allem muss man keine millionenschweren Anlagen anschaffen, die hohe Kosten verursachen und – springender Punkt – in ihrer Produktion irgendwann ausgelastet sind. Dazu ein Beispiel: Eine Maschine kostet 500 000 Euro und spuckt 3000 Einheiten in der Woche aus. Die Kundennachfrage aber steigert sich erfreulicherweise innerhalb kurzer Zeit auf 20 000 pro Monat. Mit der aktuellen Anlage schafft man aber nur 12 000 Einheiten (3000 x 4) pro Monat, man bräuchte aber 8000 Einheiten mehr, um die Nachfrage zu bedienen. Diese bekommt man aber nicht, ohne die vorhandene Anlage zur Explosion zu bringen. Man wird also überlegen, eine zweite Maschine zu installieren, die weitere 500 000 Euro kostet. Man wird folglich möglicherweise umziehen, weil man für eine zweite Maschine mehr Platz benötigt. Für einen größeren Raum wird man eine höhere Miete berappen und vielleicht kommt es durch den Umzug sogar zu einem kurzfristigen Produktionsengpass. Vielleicht reicht dieser schon, damit sich der Kunde, dieses volatile Geschöpf, von dir und deinem Produkt abwendet. Dann stehst du plötzlich da mit zwei Anlagen zu je 500 000 Euro und produzierst 24 000 Einheiten im Monat, verkaufst aber nur 10 000. Die Sonne scheint dann zwar weiter, aber nicht für dich.

Im Gegensatz dazu funktioniert eine Geschäftsidee, die auf einem Internetmodell basiert, zum einen mit weniger Fixkosten und sie ist auch leichter skalierbar. Du produzierst eine Wurst und verkaufst sie an 10 000 Kunden. Das ist gerade auch für Gründer in Deutschland von Relevanz, traditionell ein Start-up-Markt, in dem vor allem digitale Geschäftsideen wie etwa E-Commerce funktionieren, während Investoren Start-ups, die physische Produkte herstellen, skeptischer betrachten. Wenn ich also ein Online-Modell entwickle, habe ich weder hohe Anschaffungs- noch Wartungskosten und ich kann in München genauso Geld machen wie in Berlin, Hamburg oder Bielefeld, ohne einen Fuß nach Berlin, Hamburg oder Bielefeld setzen zu müssen. Sprich: Das Modell steht, der Mehraufwand ist marginal, aber der Umsatz lässt sich exponentiell steigern. Das Unternehmen ist somit skalierbar, umso mehr, als ich es auch exportieren und andere Länder anpeilen kann. Diese internationale Ausrichtung liegt für viele Start-ups zum einen ohnehin oft in der Natur der Sache: Häufig haben Gründer eine ähnliche Idee und arbeiten in dem Wissen, dass am Ende nur übrig bleibt, wer sich den größten Vorsprung verschafft hat. Hand in Hand mit eigener Größe geht auch die Verringerung der Gefahr einher, von Copycats kopiert zu werden, da diese nicht mehr den Glanz des Originals erreichen (ein Beispiel hierfür wäre Red Bull, auch wenn es schon ein paar Jährchen auf dem Buckel hat). Tatsächlich zeigt sich in der Realität auch, dass Start-ups, die von Anfang an internationale Märkte penetrieren, doppelt so schnell zu Erträgen kommen wie Start-ups, die sich auf eine nationale Tätigkeit konzentrieren.

11.2 Internationalität beginnt vor der Haustür

Nur: So einfach ist das auch wieder nicht. Es liegt nicht von ungefähr ein Ozean zwischen Europa und den USA. Auch Skalierbarkeit beginnt für die meisten Gründer vor der eigenen Haustür. Man entwickelt zuerst mal einen Prototyp, macht Feldversuche, befragt Testkunden, geht in den Proof-of-Concept, macht also eine Machbarkeitsstudie. Wenn die neu entwickelte Software in Deutschland keine Kunden flasht, warum sollte sie es dann international tun? Wenn meine lokal produzierte Spirituose in Bayern nur mäßig ankommt, wo die Loyalität zu regionalen Produkten höher ist als zu Bayern München, warum sollte sie dann in Österreich, der Schweiz, Italien funktionieren? Der internationale Ansatz hat eben auch seine Tücken. Andere Länder haben andere Gesetze und andere Vorlieben, wie man auch am Beispiel Uber oder auch an diversen Zahlungsdienstleistern sehen kann. Letztere haben es in Deutschland schwer, weil die Deutschen ihr Bargeld nach wie vor anbeten wie Moses den Dornbusch, während Gesetze zum Personentransport Uber hierzulande das Leben nicht einfach machen.

Es überrascht daher vielleicht nicht, dass das Thema Skalierbarkeit ein gewisses Gefälle zwischen Wunsch und Wirklichkeit offenbart. So geben knapp 90 % der deutschen Gründer an, dass Skalierbarkeit ihnen sehr bzw. ziemlich wichtig ist, aber nur etwas mehr als 60 % haben im Augenblick ein skalierbares Geschäftsmodell. Auch die Umsätze 2018 zeigen, dass 83,0 % innerhalb Deutschlands erwirtschaftet wurden, was darüber hinaus noch einen Anstieg um 4,3 % zum Jahr 2017 bedeutete. Wenn man von Internationalisierung spricht, werden mit knapp 11 % die meisten Geschäfte in Europa gemacht. Kurzum: Die Weltherrschaft in Ehren, aber zuerst mal muss man auf den eigenen Gehsteig treten. Die meisten Start-ups beginnen eben so, wie wir es auch getan haben: Man hat eine Idee, schaut sich um, testet in der näheren Umgebung an (und überlegt vielleicht, ins Fernsehen zur *Höhle der Löwen* zu gehen). Du verinnerlichst schnell, dass du als Entrepreneur keine kleinen Brötchen backen sollst, sondern immer nah am Größenwahn entlang balancieren musst, und die Weltherrschaft hast du im Hinterstübchen. Aber dir wird auch schnell klar gemacht: In Deutschland zu bestehen, ist schwer genug.

Wir dachten Skalierung über die Ländergrenzen hinaus auf jeden Fall mit. Unser Produkt war zwar ein physisches, das mit einem höheren Aufwand wie Versand verbunden war. Dennoch war die Marke nach kurzer Zeit definiert, die Logistik machte uns nach der Anfangsphase keine Arbeit mehr. Während wir zu Beginn noch jede Flasche selbst im Keller etikettierten, liefen Produktion und Vertrieb in späterer Folge automatisch. Wir bekamen die Flaschen nicht mehr zu Gesicht und konnten Zeit und

Energie ins Marketing stecken. So gesehen hatten wir zwar ein physisches Produkt, aber eines mit dennoch stärkerer Skalierbarkeit. Deswegen haben wir auch früh internationale Kontakte geknüpft, um »Made in Germany« im Ausland anzutesten. Unsere langfristige Strategie war also auf Export ausgelegt. Wir wussten: Wir bewegen uns in einem Premium-Markt und deutscher Schnaps hat international einen guten Namen. Die USA sahen wir dabei ganz weit vorne, auch Großbritannien war sehr wichtig, weswegen wir auch die internationalen Auszeichnungen und Prämierungen mitgemacht hatten, um Credibility einzufahren. Kurz vor unserem Konkurs hatten wir noch einen größeren Exportdeal mit einem südafrikanischen Importeur eingefädelt, aber der kam nicht mehr zustande.

11.3 Skalierung und Organisation: Zum Thema COO

Aber Export ist nicht unaufwändig. Wäre es zu unserer Expansion gekommen, hätte ich einen COO eingestellt, also einen Chief Operations Officer. Rückwirkend betrachtet, hätte ich das vielleicht auch früher machen sollen, um Zeit und Energie besser zu koordinieren. Schlechte oder ineffiziente Abläufe innerhalb eines Unternehmens sind tatsächlich häufig ein Silent Killer, gerade bei Start-ups. Der COO verbessert die Betriebsabläufe und kümmert sich um langfristig optimale Strukturen, hat also ein Händchen für Organisation, was bei den meisten Gründern eher ein Feigenblatt ist – und wiederum für Komplikation sorgt, wenn Strukturen wachsen. Trotzdem ist der COO die am wenigsten bekannte Person in der »C-Riege« eines Start-ups. Bei den meisten sind die Aufgaben, die sich hinter den Begriffen verbergen, relativ eindeutig: Der Chief Executive Officer (CEO) ist der Chef, der Chief Technical Officer (CTO) ist für die technischen Fragen zuständig, der Chief Marketing Officer (CMO) kümmert sich um das Marketing, der Chief Financial Officer (CFO) steckt hinter der Finanzplanung. Der Chief Operating Officer (COO) hat vielleicht die vagste Bezeichnung, trotzdem ist er gerade bei einer Skalierung elementar. Im Fußball wäre er das, was man die *moderne Sechs* bezeichnet: Unspektakulär für den Zuschauer und der Laie hält ihn sogar für eine Vorgabe. Aber der Kenner weiß: Er ist elementar für das Gefüge der Mannschaft und den Erfolg.

»Die Rolle des COO ist für jede Firma eine andere und setzt eine gründliche Selbstkenntnis der CEO und Gründer voraus, um die speziellen Fähigkeiten und Qualitäten benennen zu können, die sie suchen«, beschreibt etwa die frühere COO des US-Onlinehandels *Etsy*, Linda Kozlowski, in der *First Round Review* (First Round o. J.). »Der COO muss eine Ergänzung zum CEO und zum Rest des ausführenden Teams sein, um tatsächlich eine Chance zu haben, die Organisation grundlegend zu verändern.« Um den passenden COO zu finden, empfiehlt sie Gründern einen einfachen Trick, den sie *Self-Awareness 301* nennt. Dazu sollen CEOs bzw. Gründer drei Dinge aufschreiben: a) Die Aufgaben, zu denen man sich hingezogen fühlt, b) die Dinge, die man vor sich herschiebt und c) welche der Dinge, die man vor sich herschiebt, man am liebsten beherrschen würde. Danach soll man sein Team oder Investoren nach einer Einschätzung zur eigenen Person bitten, um dieses Feedback dann mit seinen Aufzeichnungen abzugleichen. »Es gibt einen Vorbehalt, wenn man das Team, ein Gremium oder Investoren um kritisches Feedback bittet in den Bereichen, in denen man ihrer Meinung nach verbesserungswürdig ist. Als CEO, speziell von einer jungen Firma, hat man vermutlich unermüdlich gearbeitet, um sich selbst zu promoten und seine Führungsqualitäten unter Beweis zu stellen, damit Menschen sich zu einem bekennen und in einen investieren«, so Kozlowski weiter.« Aber das ist nicht der Moment, in dem man signalisieren muss, alles zu wissen. Es geht um Aufrichtigkeit, nicht um ein Echo. Man sollte um Feedback bitten und zuhören. Und dankbar sein für was auch immer man zu hören bekommt.«

Vielleicht bekommt man bei so einem Feedback ja auch zu hören, dass man zu stur an seiner Idee festhält; weil etwa schon dreimal erkannt worden ist, dass das gewünschte Produkt sich nicht verkauft – aber ein anderes sehr wohl. Das Gegenteil von Skalierbarkeit – also einem universell vermarktbaren Produkt – ist ja praktisch die »Skalierlosigkeit« – also ein universell unvermarktbares Produkt. Hätten wir früher auf die Menschen gehört, die uns geraten hatten, einen Gin statt einen Wodka zu produzieren, würde ich hier nicht in meinen Erinnerungen graben. Laut *Statista* betrug der Absatz von Gin in Deutschland im Jahr 2015 (dem Jahr unseres offiziellen Produktlaunches) 16 Mio. Liter und wird bis 2023 auf knapp 30 Mio. Liter steigen, er wird sich somit in acht Jahren fast verdoppeln. Im Vergleich dazu steigt der Absatz von Wodka im gleichen Zeitraum von 82,9 Mio. Litern auf 84,6, er bleibt also im Grunde unverändert und ist im Vergleich zum Jahr 2018 (85,5 Mio.) sogar gesunken (Statista 2019).

Daher also: Skalierbarkeit berücksichtigen, aber wenn das Produkt nicht läuft, nicht zu stolz sein oder Angst davor haben, einen anderen Weg einzuschlagen. Denn vielleicht lauert Skalierbarkeit ja hinter Plan B.

11.4 Aufgepasst bei der Wahl der Unternehmensform

Ein Scale-Up bzw. eine Expansion kann auch einen Einfluss auf die Unternehmensform haben. In erster Linie aber sollte man an diesem Punkt von Beginn an eine Form wählen, die zu einem passt. Die Frage nach der Unternehmensform ist vielleicht so spannend wie Löcher im Socken, aber da muss man als Gründer durch. Es gilt, Gründlichkeit an den Tag zu legen, denn auch hier lassen sich Fehler vermeiden, die einen in späterer Folge viel Geld kosten können. Man kann ein Start-up als Einzelunternehmer gründen, aber da die meisten Start-ups, wie wir gesehen haben, nicht alleine, sondern im Team ins Leben gerufen werden, wird man eher den Weg einer Personengesellschaft wie einer Gesellschaft bürgerlichen Rechts (GbR), einer haftungsbeschränkten Unternehmergesellschaft (UG) oder Mini-GmbH, einer Offenen Handelsgesellschaft (OHG), einer Kommanditgesellschaft (KG) oder einer GmbH & Co. KG und GmbH & Co OHG wählen oder eine Kapitalgesellschaft gründen, hier in erster Linie eine Gesellschaft mit beschränkter Haftung (GmbH) oder, in späterer Folge, eine Aktiengesellschaft (AG).

Noch wach? Gut. Man sollte sich mit der Rechtsform jedenfalls genau auseinandersetzen, vor allem um zu wissen, wie viel Kapital für eine Gründung nötig ist und wer in welcher Form haftet. Ich rate von einer GbR oder einer anderen Personengesellschaft ab, die die Gründer persönlich haften lassen. Die Regeln sind in der Insolvenz bei einer GmbH schon hart genug, aber bei einer GbR haftet jeder Gründer auch für seine Partner und mit dem eigenen Privatvermögen, auch wenn es um deren private Themen geht, die sich auf die Firma durchschlagen (Pfändungen etc.). Des Weiteren sind GmbH & Co. KGs bei Investoren unbeliebt, aus dieser Warte betrachtet erscheinen GmbHs am sinnvollsten. UGs sind ebenfalls in Ordnung und besonders in der Anfangsphase geeignet, wenn Kapital noch so spärlich ist wie Knospen im Frühling. Sie werden in Deutschland aber teilweise noch belächelt, vor allem, wenn man »ältere« Business Angels sucht. Für diese vermittelt eine GmbH deutlich mehr Seriosität. Ich rate auch, die Markenrechte privat zu halten, da im Falle einer Insolvenz der GmbH die Markenrechte veräußert oder wieder frei werden. Uns hat das am Ende auch den Hintern gerettet, zumindest teilweise. Wir konnten die Markenrechte verkaufen und damit einen Teil der Insolvenzkosten auffangen. Wären die Rechte in der GmbH gewesen, entscheidet der Verwalter, was damit passiert, und der Erlös geht der Reihe nach an die Gläubiger. Hier haben wir entschieden und konnten dadurch den Schaden zumindest ein wenig abmildern. Investoren wollen aber meist alles im Eigentum der Firma sehen, an der sie beteiligt sind. Bei uns waren die Investoren über einen Vertrag an der Marke beteiligt, was im Grunde nichts verkompliziert hat.

Eine absolute Formel für die Wahl der Unternehmensform gibt es jedoch nicht. Jedes Start-up muss die für sich selbst passende Rechtsform finden. Diese ist nicht in Stein gemeißelt und sie lässt sich in weiterer Folge auch ändern. Wir wechselten nach der Aufnahme unseres Business Angels von der UG zur GmbH und sind quasi »erwachsen« geworden. Für manche Gründer steht ohnehin am Ende der Wunsch des *Exit*, des Sprungs an die Börse, womit die Überführung in eine Aktiengesellschaft obligatorisch ist. Das ist dann der Punkt, an dem man im Big-Millionen- und Milliardenbusiness angekommen ist und im Champagner duscht.

Aber für die meisten heißt es wohl erst mal: Skalierbarkeit mitdenken, aber erst mal Rotkäppchen-Sekt trinken und die Hausaufgaben vor der Türe machen.

> **Wie du gegen die Wand fährst:**
> – Dein Geschäftsmodell hat hohe Fixkosten oder eine hohe Kapitalbindung und ist nur linear skalierbar.
> – Du hast die nachhaltige Skalierung des Modells nicht im Auge oder hast vor lauter Augenmerk auf die internationale Ausrichtung und

Skalierung die Hausaufgaben vor der Haustür vernachlässigt.
- Du wählst eine unpassende Unternehmensform.
- Deine Organisationsabläufe sind für das, was du vorhast, nicht gut genug strukturiert.

Was sind die Konsequenzen:
- Du brauchst genug Cash von allen Stakeholdern und ein schwer skalierbares Geschäftsmodell lässt das Interesse vieler Investoren erlahmen, erschwert die Gründung und hat vielleicht zur Folge, dass man sich noch stärker an Kredite oder Investoren binden muss. Unterschätzt du die Anlaufkosten, die Anlaufdauer und hast zu wenig Working Capital, wird es schnell eng und unangenehm, denn Fixkosten bleiben konstant und werden gerade bei mangelnden Einkünften oder ausbleibenden Investitionen rasch zu einem Damoklesschwert.
- Internationale Vermarktung bringt zunächst mal eins: jede Menge Arbeit, sei es durch Gesetze, Exportbestimmungen, Produktvorgaben. Konzentriere dich auf einen Markt, in dem du sicher skalieren kannst, und erobere diesen zuerst. Wenn du dir dann Mitarbeiter leisten kannst, erobere den Rest der Welt.
- Eine unpassende Rechtsform verschreckt Investoren oder raubt Zeit bei Anpassungen. Auch können, wenn ein fauler Apfel unter den Gründern steckt, Haftungsfragen essenzielle Risiken für die anderen Gründer bergen (Stichwort: gesamtschuldnerische Haftung z. B. bei der GbR).
- Ohne effektive Organisation versanden Energien oder sie werden in falschen Ecken verheizt. Du, der CEO, kümmerst dich eigentlich um das, was

den CEO ausmacht: hustlen und das Geschäft nach vorne bringen. Nicht darum, Exportpapiere auszufüllen.

Wie du die Wand umfährst:
- Sei dir bewusst über dein Investment, wie lange du brauchst, um auf Drehung zu kommen unter Berücksichtigung der Skalierbarkeit deines Geschäfts. Stichwort: belastbarer, stressgetesteter Businessplan und Cashflow.
- Falsche Annahmen zur Skalierung prüfen und internationale Skalierung nicht zu früh lostreten, wenn es mehr Arbeit als Return bedeutet.
- Hole dir Rat bei Anwalt und Steuerberater, mache auf jeden Fall deine Hausaufgaben; im Zweifel haftet man mit dem Haus der Großmutter.
- Ein COO hilft bei der Verbesserung der Abläufe und sollte spätestens im Falle eines Scale-Ups zu Rate gezogen werden.

Kapitel 12

Die Unternehmenskultur

Verkauf nicht deine
Großmutter für den Erfolg.
Übernimm lieber ihre
Werte.

Ich schreibe dieses Buch aus der Sicht eines Gründers, den es mit seinem Start-up auf die Nase gelegt hat. Wenn neun von zehn Start-ups scheitern, bedeutet das aber, dass es nicht nur dich als Gründer betrifft: Es trifft auch die Menschen, die für dich arbeiten.

Gerade wenn man von der Start-up-Branche spricht, ist ja vieles rosarot gefärbt oder ergießt sich in oft wiedergekauten Klischees: Man hört von tollen Erfolgsstorys, von Millionen- und Milliardenbewertungen, egal ob bahnbrechende Prototypen oder disruptive Mogelpackung. Alles ein Tummelplatz von Business Angels, alles eine Weichenstellung für die Zukunft der Menschheit, die von Tech-Start-ups, Fin-Tech-Start-ups und Med-Start-ups mit Blockchains und AI in ein besseres Morgen geführt wird.

Dieses Bild hat allerdings auch Risse bekommen und das zu Recht. Dann ist von einer gnadenlosen Ausbeutungskultur die Rede, von befristeten, schlecht bezahlten Verträgen, von einer Geheimniskrämerei autoritärer Gründer und einer sexistischen Gründerkultur. Die Französin Mathilde Ramadier veröffentlichte vor einiger Zeit das Buch *Bienvenue dans la nouveau monde* (also übersetzt in etwa: *Willkommen in der Neuen Welt*), in dem sie ihre Erfahrungen in zwölf Berliner Start-ups schildert, wo sie über einen Zeitraum von fünf Jahren gearbeitet hat. Ihr Fazit: Hinter tollen Jobbezeichnungen wie »Country Manager« stünden nicht mehr als Praktikantenaufgaben vor dem Kopierer, von kaum einem Gehalt könne man tatsächlich leben und in keinem der zwölf Unternehmen hätte es eine weibliche CEO gegeben. »Die meisten hochqualifizierten und motivierten Menschen, die in Start-ups anheuern, machen keine steile Karriere. Ihre Beschäftigung endet meistens damit, dass ihr Unternehmen Insolvenz anmeldet oder verkauft wird«, schreibt sie in einem Text für das Magazin *Die Zeit* (Kolosowa 2017).

Und dieses bittere Ende kommt meist überraschend:

Gerade haben die Mitarbeiter erst in einem Medium von möglichen Investitionsrunden für ihr Unternehmen gelesen oder haben gar den CEO Tage zuvor beim gemeinsamen Dinner von glorreichen Erweiterungen schwadronieren hören, die in Kürze bevorstünden – und plötzlich ist das Schloss am Eingang ausgewechselt.

Kenne ich, ging mir ähnlich. Muss ich zugeben. Also nicht das mit dem ausgewechselten Schloss, aber mit Dingen, die man als Gründer heimlich mit sich ausficht. Du erzählst deinen Mitarbeitern schließlich nicht täglich, dass es nicht gut um das Unternehmen steht. Du sprichst eher von potenziellen Verbesserungen und Investitionsrunden, die man in Aussicht hat. Schließlich musst du mit Tat und Mut vorangehen und nicht Zweifel und Angst verströmen. Niemand folgt einem verängstigten Anführer und Furcht und Ungewissheit sind ein schlechter Motivator, was sich in einem kritischen Zeitpunkt nur noch negativer auswirkt.

Andererseits habe ich ohnehin nie jedes bunte Bonbon geschluckt, das die Start-up-Kirmes versprochen hat: die fancy Titel, die lockere Stimmung, das ganze Easy Going. Schließlich sind unternehmerische Grundsätze und ökonomische Regeln häufig die gleichen, ob man nun N26, e42 oder Deutsche Bank ist, ob man nun in Sneakers im Open Space sitzt oder jeden Morgen seine Lackschuhe poliert. Es mag sein, dass manche Start-up-Versprechung in Metropolen wie Berlin, Helsinki oder im Silicon Valley heller strahlt, aber wenn du eine Wirtschaftsuni in Regensburg besucht hast, weißt du: Das ganze Gerede von der Hierarchielosigkeit? Für die Tonne. In Start-ups sorgen flache Strukturen für schnellere Entscheidungswege, immerhin einer der Vorteile im Kampf gegen die Großen, um Trends schneller in Produkte umsetzen zu können. Aber jemand muss sagen, wo es lang geht, und ich möchte hinzufügen: *gerade* in Start-ups. Schließlich sprechen wir von einem Unternehmen, das sich möglicherweise auf völligem Neuland bewegt und sich auf keine Erfahrungswerte berufen kann. Christopher Columbus hat wahrscheinlich auch nicht ständig seine Crew gefragt, welchen Kurs er nehmen soll. Ebenso wenig bringt jeder Gründer stets Zettel zur Abstimmung mit ins Meeting. Als moderner Chef oder Chefin faltest du deine Mitarbeiter nicht mehr zusammen wie in *Mad Men*, klar, aber du bist und bleibst: der Chef oder die Chefin. Also die Person, die letztlich die wichtigen Entscheidungen fällt. Laut *DSM 2018* macht sich diese Tendenz auch in den deutschen Start-ups spürbar (Kollmann u. a. 2018). »Der Anteil der Unternehmen mit nur einer Hierarchieebene sinkt im dritten Folgejahr auf 20,5 % (*DSM 2017*: 29,5 %; *DSM 2016*: 33,9 %), wohingegen der Anteil derer mit zwei Ebenen weiter auf 49,0 % steigt (*DSM 2017*: 42,7 %; *DSM 2016*: 40,6 %). Auch der Anteil der Start-ups mit drei Hierarchieebenen ist leicht um 1,4 Prozentpunkte auf 23,3 % gestiegen«, heißt es da. Das ist eine Reduzierung der Unternehmen mit einer Hierarchieebene von etwas mehr als 12 % in nur zwei Jahren. Soll heißen: Auch

in der lockeren Atmosphäre eines Start-ups sitzen nicht mehr alle Mitarbeiter gleichzeitig an allen Hebeln. Sondern Hebel B setzt sich erst in Gang, wenn Hebel A es getan hat.

12.1 Unternehmenskultur lernen

Umso wichtiger ist die Unternehmenskultur, damit diese Hebel auch zufrieden sind und ineinandergreifen. Ich schreibe dieses Buch auch nicht für Leute, die einen Exit-Scam im Kopf haben, die also ein paar Millionen mit einem Betrug einsammeln wollen. (Ich bezweifle auch, dass solche Leute dieses Buch in die Hand nehmen.) Ich schreibe es für Gründer, die eine ernsthafte Unternehmung gründen wollen und ihre Leute nicht ausbeuten wollen wie andalusische Orangenpflücker. Kann man seinen Mitarbeitern immer sagen, wie es um das Unternehmen steht? Kaum. Aber die Schaffung von Unternehmenskultur ist essenziell. Sie ist der rote Faden, der sich durch alle Bereiche zieht, die Haltung, für die man steht und die auch die Mitarbeiter verkörpern.

»Lasst mich sagen, wie man Unternehmenskultur *nicht* bekommt: Man schafft sie *nicht*, indem man freie Snacks in der Cafeteria anbietet. Man schafft sie *nicht* durch einen Tischkicker oder offene Arbeitsplatzwahl. Man schafft Unternehmenskultur durch Vieraugengespräche, um zu erfahren, was jeder einzelne Mitarbeiter will. Denn manche wollen Geld, manche mehr Zeit mit der Familie, manche wollen Titel und manche mehr Kreativität. Dein Job ist es, das nicht nur jeden Tag, sondern jeden Moment zu wissen, denn Sally mit 23 Jahren hat andere Wünsche als Sally mit 27 Jahren. Es ist an der Zeit, dass dieses Ökosystem mehr Aufmerksamkeit auf den menschlichen Faktor legt, der unsere Unternehmen auf das nächste Level bringt. Es ist eine Unterhaltung, die wir nicht führen, aber es ist *die* Unterhaltung des nächsten Jahrzehnts«, erklärt der Entrepreneur und Berater Gary Vaynerchuk in einem Vortrag. »In meinem Unternehmen ist die Nummer zwei nicht der CFO (Chief Financial Officer, *Anm.*) oder COO (Chief Operating Officer, *Anm.*), sondern der Chief Heart Officer, oder Head or HR – wie immer man es nennen will. Das ist der Grund für unseren Erfolg. Es war noch nie so wichtig wie heute, auf die internen Befindlichkeiten in Unternehmen zu achten.«

Check. Unternehmenskultur ist wichtig. Aber man erledigt sie nicht einfach mit der Anschaffung eines Tischkickers und einem Zalando-Gutschein im Wert von 50 Euro für jeden Mitarbeiter. Habe ich auch immer so gehandhabt – ich kann sowieso nicht tischkickern. Die Start-up-Welt ist voll von schaurigen Geschichten über schreckliche Chefs. Und ganz ehrlich: Die ganze Businesswelt ist voll von Geschichten über schreckliche Chefs. Das ist kein Start-up-Phänomen, aber gerade dort ist es kein Wunder. Man hat GründerInnen, die möglicherweise in sehr jungen Jahren mit sehr viel Geld zu tun haben, wie 19-jährige Fußballprofis, die ihren ersten Millionenvertrag unterschreiben. Man wird etwas größenwahnsinnig. Und man ist im Daily Business und Überlebenskampf wirklich mit anderen Dingen beschäftigt, als Sally jeden Tag zu fragen, was ihr auf der Seele liegt. Das hat Gary Vaynerchuck bestimmt auch erst nach seiner ersten Million gelernt.

12.2 Unternehmenskultur vorleben

Und das ist die Sache: Man kann lernen, wie man seine Mitarbeiter behandelt und auf diese Weise die Unternehmenskultur prägt. *Zeiten ändern dich* lautete die Film-Biographie von Bushido. Ich möchte hinzufügen: Ein Start-up zu gründen erst recht. »Finde einen guten Coach. Mentalität ist nichts Starres. Sie lässt sich verändern wie jedes andere Verhalten oder Einstellung, ein Coach kann dabei helfen, sich mit den Notwendigkeiten des Start-ups mitzuentwickeln«, schreibt der *Genome Report* als eine der fünf wichtigsten Erkenntnisse für Gründer (Startup Genome 2018). In kaum einem Wirtschaftszweig ist Mentoring daher so selbstverständlich wie im Start-up-Bereich. Gründer sollen nicht nur lernen, es gehört geradezu zum Berufsprofil! Man lernt bei Acceleratoren oder Company Builder, und gerade die Erfahrung von Business Angels oder anderer Investoren hilft im Idealfall, entweder durch direkte Gespräche oder Vermittlung eines Coachs. Gute Ratgeber werden dich auch fragen: »Bewerber A hat bessere Fähigkeiten, Bewerber B passt besser in das Unternehmen. Welchen würdest du nehmen?« Und wenn du antwortest: »Bewerber A mit den besseren Skills, der bringt mein Produkt schneller nach vorne!«, werden sie antworten: »Überleg dir das, denn es ist wichtiger, dass der Mitarbeiter zum Unternehmen passt.«

Für die Unternehmenskultur gilt also: Skill follows Spirit. Zuerst kommt die Frage, ob Mitarbeiter in die Kultur passen, erst in weiterer Folge sollten ihre Fähigkeiten in Betracht gezogen werden. Im Umkehrschluss bedeutet das auch, Leute schnell wieder gehen zu lassen, wenn sich herausstellt, dass sie nicht ins Unternehmen passen. Man darf als Gründer keine Angst haben, als Ungeheuer zu erscheinen, wenn man eine Kündigung ausspricht. Die falschen Leute mitzuziehen, kann man sich einfach nicht erlauben.

Außerdem: Menschen wissen ohnehin, wenn sie nicht an einen Ort passen. Gerade bei Start-ups suchen sich Mitarbeiter die Unternehmen, deren Produkt sie interessiert oder fasziniert – selten heuert man bei einem Start-up wegen der zugesicherten Rentenbeiträge und dem 13. und 14. Gehalt an. Ein eingeschworener Antialkoholiker hätte sich auch nicht bei unserem Start-up beworben. Man geht zu einem Start-up, weil man von dessen Modell, dessen

Idee und seiner Philosophie gehört hat und es spannend findet. Man will mitwachsen, mit erfolgreich sein, die Welt verbessern oder wenigstens etwas lernen und selbstbestimmt leben und arbeiten. Man will abends auf der Tanzfläche nicht stammeln: »Ich arbeite im Verkauf für die AOK.« Sondern: »Ich mache Sales für ein Fin-Start-up, das kleine Bauern in Afrika unterstützt.« Was man nicht will: 24/7 für einen Chef oder eine Firma erreichbar sein, die man ohnehin am liebsten untergehen sehen würde und wo man ohne jede Eigeninitiative die Tage absitzt. Beteiligung der Mitarbeiter am Unternehmen kann ein mögliches Modell sein, um qualifizierte Mitarbeiter zu finden. Wenn man also Mitarbeiter am Unternehmen beteiligt, sollten sie erst recht in dieses hineinpassen und nicht bei der Einladung zur weihnachtlichen Bowlingrunde schreiben, dass Bowlen eine Angelegenheit für Vollprolls sei.

Das klingt vielleicht nach Bagatellen, ist es aber nicht. Unternehmenskultur ist wichtig und wird von genau einer Instanz vorgelebt und geprägt: dem Gründer bzw. dem Gründerteam. Die Anzahl der Start-ups, die sich externe Beratung für Recruitment geholt haben, hat sich in den Jahren von 2016 bis 2018 verdoppelt. Trotzdem gehe ich von dem Fall aus, dass die wenigsten Gründer die Mittel haben werden, sofort einen *Chief Heart Officer* einstellen zu können (oder wie sie ihn auch immer nennen). Sprich: Wer zur Kultur passt oder nicht, werden Gründer am Anfang selbst entscheiden. Und vorleben. Man ist als Gründer nicht nur das Gesicht nach außen für die Öffentlichkeit, sondern auch nach innen für das Team. Und wenn Mitarbeiter in ihren eingeforderten Extraschichten bis Mitternacht Posts vom cocktailtrinkenden Chef auf Instagram sehen, könnten sie ihm auch gleich direkt einen Link zum Insolvenzantrag in die Kommentarzeile schicken.

12.3 Unternehmenskultur formen

Ich hatte auch einen Coach: meine Bar. Eine Bar läuft nämlich nicht, weil das Interieur so schön, die Getränke so einzigartig oder die Musik so bezaubernd ist. Eine Bar funktioniert, wenn das Team funktioniert. Du kannst die abgefahrensten Cocktails machen und das dreizehnfach gehoppte Bier ausschenken, um Gäste anzuziehen. Aber *wiederkommen* tun sie wegen der Atmosphäre. Und für diese wiederum ist ein Team verantwortlich, das durch Kontinuität aufgebaut wird. Soll heißen: tolles Team = tolle Atmosphäre = voller Laden.

Ich rate daher, ein Start-up wie eine Bar zu betrachten: Du bist als Gründer der, der die Idee prägt, das Konzept vor Augen hat. Das Produkt ist die Bar und ihr wichtigster Bestandteil sind die Mitarbeiter. Du bist der Kopf, das Team ist der Muskel. Sie sind für die Corporate Identity, die Consumer Experience, verantwortlich, die zu einem großen Teil über den Erfolg deines Start-ups entscheiden wird. Also sieh zu, dass du mindestens ein Viertel deiner Arbeitszeit für Mitarbeiter und Team zur Verfügung stellst. Wenn du den Zampano am Tresen machst, während sie sich im Hintergrund zerreißen, wird die Fluktuation der Mitarbeiter hoch sein – und deine Bar ist bald Geschichte. Besetze auch intern nach. Wenn ein Mitarbeiter geht, dann frage den Backup, ob er intern aufsteigen will, bevor du jemand Externen suchst. Wenn du neue Mitarbeiter suchst, gib ihnen das Gefühl, dass sie hier auch tatsächlich etwas verändern und bewirken können. »Wichtig ist es, dass das Start-up ein klares Personalentwicklungsmodell besitzt, das auf dem Leistungsprinzip aufbaut. Sind die Mitarbeiter der ›ersten Stunde‹ quasi unantastbar und auf ihren Managementpositionen festgeschraubt, so merken neue (evtl. qualifiziertere) Mitarbeiter dies schnell und suchen sich nach kurzer Zeit einen neuen Job«, schreibt

Prof. Dr. August-Wilhelm Scheer in *16 Tipps für Start-ups* (2014).

Sei dir dabei immer bewusst, dass dein Stress höher sein wird als der deiner Mitarbeiter. Behandle sie aber nicht wie ein Formel-1-Fahrer seine Reifen und lache nicht, wenn sie Dinge wie *Work-Life-Balance* sagen. Denke nicht, dass sie Weicheier sind, wenn sie nicht wie du 70 Stunden in der Woche arbeiten wollen, weil du einfach den nächsten suchen kannst. Der nächste kommt, mit Sicherheit. Aber er geht auch genauso schnell wieder. Irgendwann gehen alle und dann heißt es: Der Letzte macht das Licht aus.

Das bist dann in aller Regel du.

Wie du gegen die Wand fährst:
- Du setzt als Gründer zu viel auf flache Hierarchie, weil du glaubst, dass sich das in Start-ups ja so gehört.
- Du führst keine Unternehmenskultur ein oder lebst die falsche Unternehmenskultur vor; eine Kultur der Blenderei – und bist selbst der größte Blender.
- Erst kickern, dann arbeiten.
- Du zeigst in harten Zeiten zu viel Angst – Zeiten sind in Start-ups oft hart.
- Du forderst von Mitarbeitern Extraschichten bis Mitternacht ein und gehst selbst um acht Uhr mit Freunden zum Italiener.

Was sind die Konsequenzen:
- Du bist als Gründer der Kopf, der Muskel ist das Team. Flache Hierarchien sind generell gut, dürfen aber nicht dazu führen, dass die Mitarbeiter bestimmen, wo es lang geht.

- Mitarbeiter sind für die Corporate Identity, die Consumer Experience, verantwortlich, die zu einem großen Teil über den Erfolg deines Start-ups entscheidet. Ein frustriertes, verängstigtes oder verblendetes Team bringt dich nicht nach vorne.
- Work Life Balance ist wichtig, gerade in der heutigen Zeit, in der man vor dem PC sitzt und auf allen Kanälen Infos in den Kopf kommen. Kickern macht den Kopf frei. Die Life Balance gehört aber vor allem in die Freizeit. Wenn ein 8-Stunden-Arbeitstag drei Stunden Life Balance beinhaltet, läuft etwas falsch. Lebe den Spirit vor!
- Wenn du dich mental nicht auf harte Zeiten eingestellt hast, bist du überfordert, und auch bei flachen Hierarchien merkt man dann umso mehr, wer der Kopf ist und die Motivation hochhalten kann. Kannst du das nicht, werden die Leute das Schiff verlassen.
- Wenn die Crew sieht, dass Captain Freizeit seine Life Balance am besten managt, werden sie schwer für Sonderschichten zu motivieren sein.

Wie du die Wand umfährst:
- Auch wenn alle per du sind: Was der Chef sagt, muss gemacht werden, ohne Respekt geht es nicht.
- Den Chef nicht im Ton raushängen lassen, sondern in der Sache zeigen.

- Ein Viertel deiner Arbeitszeit solltest du in die Mitarbeiter investieren, um herauszufinden, was sie wollen und was ihnen wichtig ist. Ein offenes Miteinander statt geblendetem Gegeneinander. Gib neuen Mitarbeitern das Gefühl, dass sie etwas bewirken können, und nicht, dass das Gründungsteam in Stein gemeißelt ist wie die US-Präsidenten auf dem Mount Rushmore.
- Vielleicht Old School: Im Job soll gearbeitet werden, in der Freizeit steht die Erholung an.
- Stelle dich mental auf harte Zeiten ein, um auch hier mit gutem Beispiel voranzugehen und nicht der erste zu sein, der bleich anläuft.
- Du kannst von anderen maximal das erwarten, was du auch selber bereit bist zu leisten. Daran kannst du auch schnell messen, wer etwas bewegen will oder wer einfach einen Job haben will. Es ist wichtig, die Leute nach dem einzusetzen, was sie zu leisten bereit sind.

Kapitel 13

Wahrheit oder Pflicht

Dress like a butterfly, think like a bee. Das Verhältnis von Außendarstellung und Innenwahrnehmung.

Bevor ich auf die fünf entscheidenden Eigenschaften eines Gründers eingehe, die wichtig sind für den Erfolg eines Start-ups, werfe ich zurück einen Blick auf meinen ... Heiratsantrag.

Diesen habe ich in Rom gemacht. Nun muss ich gar nicht erst so tun, als wäre ich der romantischste Mensch auf der Welt und Liebesbeteuerungen würden so selbstverständlich aus mir heraussprudeln wie aus dem Mund von Cyrano de Bergerac. Ich bin eher jemand, dessen romantische Momente in seinem Leben in Summe eine Reihe Bauern im Schach ergeben würden – aber bei einer epochalen Angelegenheit wie einem Heiratsantrag wollte auch ich mich nicht lumpen lassen.

Wir fuhren also nach Rom. Stadt der Liebe, Amore, eh klar. Alleine die Kulisse würde schon für die richtige Stimmung sorgen und mir den passenden Ort präsentieren. Meine Wahl fiel dann auf den Petersdom. Da gehen wir rauf, dachte ich, und wenn wir oben sind, gibt es den Antrag unter der Kuppel, vielleicht mit Kniefall. Wenn schon das ganze Programm, dann auch kitschig.

Was ich nicht bedacht hatte: Meine Wahl fiel somit auf eine der meistbesuchten Sehenswürdigkeiten in Europa, mit lachhaften 20 000 Besuchern pro Tag. Gefühlt standen dann auch so viele vor uns in der Schlange, als wir nach dem Frühstück vor Ort eintrafen. Das hat meine Laune schlagartig verfinstert, aber ich wollte mich nicht von meinem Plan abbringen lassen. Also meinte ich zu meiner (noch) Freundin, wir könnten weiter nach vorne gehen, uns reinmogeln in die Schlange, das würde schon gehen, worauf sie, verständlicherweise, überhaupt keine Lust hatte. Sich vor Tausenden von Leuten wie der typische Touristenarsch zu verhalten, der sich denkt: Ist ja nur eine Ausnahme, im Alltag bin ich eigentlich nicht so? Keine Chance. Ich wollte aber unbedingt, denn mich interessierte ja nicht die Kuppel. Ich wollte mein Ding durchziehen, aber mein Drängen hatte zur Folge, dass sie meinen Plan nur noch weniger umsetzen wollte, wir das Ganze bleiben ließen und stattdessen übel gelaunt durch die Straßen liefen. Wir gingen in einen dieser kleinen Pastaläden, in dem ich voller Zorn erst mal einen Teller Nudeln innerhalb einer Minute verschlungen habe – gelebtes »Arrabiata«. Wir quälten uns dann durch die Hitze des Tages, während sie sich wunderte, warum ich so stinkig war – sie wusste ja nichts von ihrem Glück, das ihr bevorstand. Das ging so lange, bis wir abends in ein Restaurant gingen und eine Flasche Wein köpften. Mit etwas Nero D'Avola verblasste der Nachmittag allmählich, die Laune stieg. Wir gingen noch in einige Bars und hatten letztlich einen grandiosen Abend. Stadt der Liebe, Amore, läuft jetzt. Auf dem Weg zurück ins Hotel stiegen wir irrtümlicherweise ein paar Stationen zu früh aus dem Bus und als wir dann da standen, mitten in der Nacht auf einer unbekannten Straße in Rom, dachte ich mir, nachdem wir uns gegenseitig sehr viel schöne Sachen gesagt hatten: jetzt oder nie. Praktischerweise hatte ich in einer der Bars eine Rose bei einem Straßenhändler gekauft (was man halt so macht im Urlaub), ich ging auf die Knie und legte los. Der Augenblick war perfekt, besser als er am Petersdom je hätte sein können. Dadurch erklärte sich auch für meine Freundin, warum ich mich am Nachmittag in eine Mega-Urlaubs-Stinkesocke verwandelt hatte, die sie kaum wiedererkannt hatte.

Jetzt zu den angesprochenen fünf Charakterzügen, die laut *Genome Report* für Entrepreneure entscheidend sind (Startup Genome 2018):
- Inangriffnahme *(Initiation):* Signalisiert eine Vorliebe und ein hohe Bereitschaft, neue Dinge zu starten.
- Reflexion & Geduld *(Reflection & Patience):* Signalisiert einen Hang, abzuwarten, bevor Entscheidungen gefällt werden.
- Weitblick *(Breath):* Signalisiert eine Stärke für Abstraktion und eine Fähigkeit, das *Big Picture*, das große Ganze, zu sehen.

- Tiefgründigkeit *(Depth):* Signalisiert eine Neigung für Details, Spezifizierung und konkretes Denken.
- Struktur *(Structure):* Signalisiert eine Vorliebe für Planung und Organisation, bevor man mit der Aufgabe startet.

Dabei kommt der Report zum Schluss, dass vor allem eine hohe Zuordnung in den Kategorien *Inangriffnahme* und *Weitblick* in einem positiven Zusammenhang mit erfolgreichen Start-up-Gründungen steht, während im Gegensatz dazu *Tiefgründigkeit* und *Struktur* eine höhere Chance des Scheiterns mit sich bringen. Die Schlussfolgerung: *Aim high & think big!* Also: Champions League statt Kreisliga anpeilen! Gründer, die es auf große, globale Märkte absehen und erfolgreich sind, haben das große Ganze vor Augen und verlieren sich nicht im Detail. Sie haben dadurch größere Erfolgschancen. Dabei wird auch hervorgehoben, dass Gründer, die keines oder nur ein Accelerator-Programm durchlaufen haben, einen höheren Hang zur *Inangriffnahme* haben als die, die zwei oder mehrere Acceleratoren mitgemacht haben. Im Umkehrschluss lässt die Teilnahme an mehreren Acceleratoren also auf einen Wunsch nach Struktur und Orientierung schließen. Und ein übermäßiges Augenmerk auf Struktur ist bei der Gründung eines Start-ups eben eher hinderlich.

Auf meinen Heiratsantrag umgelegt, hieße das:
- Inangriffnahme *(Initiation):* Rom, definitiv!
- Reflektion & Geduld *(Reflection & Patience):* Tja ...
- Weitblick *(Breath):* Meine Frau fürs Leben: auf jeden Fall!
- Tiefgründigkeit *(Depth):* Sehr konkret durchdacht war es wohl nicht.
- Struktur *(Structure):* Nicht unbedingt, eher improvisierte Flexibilität.

Umso verwunderlicher, dass es mit meinem Start-up nichts wurde. In den zwei Punkten, die zählen – Inangriffnahme, Weitblick – konnte ich nämlich scoren.

13.1 Zwischen Bluff und Pokerface

Was ich mit meinem kleinen Ausflug nach Rom aber eigentlich sagen will: Ein Start-up zu gründen heißt, jeden Tag einen Heiratsantrag zu machen. Oder mehrere. Gleichzeitig bedeutet es vermutlich auch, einen Heiratsantrag abgelehnt zu bekommen; oder mehrere. Und zwar von Kapitalgebern, von Kunden, von Mitarbeitern.

Damit muss man fertig werden. Man muss deswegen kein Heiratsschwindler werden, aber man muss ein Pokerface bekommen. Initiative, Reflektion, Weitblick, Tiefe, Struktur, alles schön und gut. Aber die Wahrheit ist: So, wie du dich privat verhältst, verhältst du dich vermutlich auch im Beruf. Wenn du privat deine Klamotten auf dem Boden verstreust, wird auch dein Schreibtisch keine rasterartige Ordnung aufweisen. Wenn du privat ein Choleriker bist, wirst du als Chef nicht zum Dalai Lama. Wenn du privat Clark Kent bist, bist du als Chef nicht Superma ... Moment, doch, genauso ist es: Als Gründer bist du niemals der dusselige Clark Kent, sondern der stählerne Superheld. Denn wie war das noch mal? *Aim high & think big!* Das schaffst du nicht, wenn du lammfromm jedes Kätzchen vom Baum holst und jede Sünde beichtest.

Das heißt nicht, dass man als Gründer zum Lügner mutieren soll. Aber du wirst zwangsweise etwas bluffen und die Dinge zu deinen Gunsten aussehen lassen. Es ist menschlich und lässt sich nicht vermeiden; du wirst erzählen, dass die Entwicklung nach Plan läuft, während du fünf Absagen bekommen hast. Du bist ja immer unterwegs, präsentierst auf Messen, nimmst an Acceleratoren oder Pitches teil, schüttelst Hände. Ich war 27, als ich das Start-up gegründet hatte, und befand mich in den Endzügen des Studiums, hatte aber schon selbstständig erfolgreich größere, aber kurzfristige, unternehmerische Projekte gestemmt. Das ist nicht Nichts, aber trotzdem zu wenig, um genau zu wissen, wie der Start-up-Hase längerfristig läuft. Als ich zum ersten Treffen mit der Brennerei fuhr, von der ich hoffte, das wir sie für eine Kooperation gewinnen konnten, hatte ich am Morgen eine Jeans in der linken Hand und den Anzug in der rechten Hand. »Seriosität, Richard!«, dachte ich mir schließlich. Immerhin sollten die Partner in spe das Ganze nicht für ein Studenten- oder Hobbyprojekt halten. Als ich dann vor Ort im Anzug aus dem Auto stieg und die Typen im Pullover und Jeans aus der Destillerie getrollt kamen, dachte ich: »Mist, Overdressed!«

Kein Wunder also, dass Leute wie Steve Jobs und Marc Zuckerberg auf einen Einheitslook schwören. Sie signalisieren damit, dass sie stets sie selbst sind, unveränderlich, eine Uniform. Steve Jobs hat auch zugegeben, dass ihn Uniformen eines japanischen Elektronikunternehmens für seinen Look inspiriert haben (Farooq 2011). Man ist auf diese Weise seine eigene Trademark, unbeeindruckt von Äußerlichkeiten, gewappnet für jede Phase. Denn jede Phase eines Start-ups hat ihre andere spezielle Anforderung und jede Anforderung verändert dich. In der Ideenfindung musst du dich selbst überzeugen und das kannst du auch im Bademantel im Bett à la Big Lebowski. Aber kaum klemmst du dir den Businessplan unter den Arm und gehst auf die Straße, wirst du zum Verkäufer deiner Idee. Vielleicht sitzt du wegen Kreditgesprächen in der Bank (auch wider der hier in diesem Buch vorgeschlagenen Vorgehensweise), in der Seed-Stage warten Investoren und Kapitalgeber. Bei der Mitarbeitersuche triffst du Kandidaten.

Der Schnitt deines T-Shirts ist vielleicht dabei nicht so wichtig, aber wenn es dir Selbstvertrauen gibt: wunderbar. Denn in jeder Phase des Unternehmens musst du als Gründer Zuversicht und Glaube ausstrahlen. Superman zu sein geht naturgemäß leichter, je praller die Kassen gefüllt sind. Aber in Phasen, in denen du unter Druck stehst, wird das umso schwieriger: Wenn der Verkauf deines Produkts geringer als erhofft ist, in Folge weniger Cashflow vorhanden ist, du aber trotzdem täglich rödelst und verhandelst wie ein Verrückter. Es zehrt an der Energie, optimistisch zu bleiben, wenn du im Hinterkopf weißt, es wird eng für dich. Trotzdem musst du den Leuten zeigen, dass du bereit bist, weiter alles zu geben. Das kostet doppelt Kraft, aber du zeigst nicht, dass es dir geht wie Muhammad Ali in der achten Runde des *Rumble in the Jungle*. Selbst wenn du in den Seilen hängst, glaubst du an dich und daran, dass du immer noch den Lucky Punch landen kannst. Und du versuchst, diesen täglichen Kraftakt stets so leicht aussehen zu lassen wie ein Sprung in den Pool. Bluffen ist daher immer ein Teil des Spiels. Oder formulieren wir es lieber so: Man darf sich nicht komplett in die Karten schauen lassen.

13.2 Für Verkäufer ist der Himmel immer blauer

Bluffen im Sinne von Schwindeln oder sogar der bewussten Lüge kann einem heftig um die Ohren fliegen, beispielsweise wenn man einem Investor die Unwahrheit sagt. Alles, was man im Zuge einer Investition behauptet, muss auf jeden Fall belegbar sein. Ein Investor kann dich haftbar machen, wenn er investiert und sich in späterer Folge herausstellt, dass du gelogen hast. Was aber ist eine Lüge und was ist eine Behauptung, die auf Variablen basiert? Wo verläuft die Grenze? Man könnte es so formulieren: Eine gewisse Menge an Informationen muss man herausgeben, aber wenn jemand Firmengeheimnisse wissen will, dann muss er oder sie auch den Schritt gehen und investieren. Ich habe jedenfalls nie an der Realität »geschraubt«, sondern die Realität mit der Realität verbessert. Investoren investieren bei Start-ups ja meistens in eine »Möglichkeit«, d. h., dein Job als Gründer ist es,

Möglichkeiten zu schaffen, die hinreichend wahrscheinlich und lukrativ sind, damit ein Investment Sinn macht. Wenn ich gesagt habe: »Wir sind im Gespräch mit XY, um unser Produkt in 1000 Filialen zu platzieren«, dann war das wahr und belegbar – aber auch mit Unsicherheiten und Variablen behaftet. Wenn es sicher gewesen wäre, hätten wir ja schließlich keinen Business Angel gebraucht.

Als Verkäufer ist dein Himmel immer blauer, als er in Wirklichkeit ist. Und wenn das so ist, gilt das auch vice versa: Man muss die Bluffs der anderen durchschauen und es ist so sicher wie das Amen in der Kirche, dass man als Gründer mit mehr heißer Luft in Berührung kommt als ein Heizer vor einem Dampfkessel. Das Gute daran ist, dass die meisten Laberbacken glücklicherweise genau das machen: labern. Wenn jemand wilde Geschichten erzählt, die zu gut klingen, um wahr zu sein, hört man sich an, was die Person für ihre Dienste von dir will. Dann baut man eine kleine Notwendigkeit oder Bedingung ein, so dass die Person in eine kleine Vorleistung gehen muss, sozusagen eine kleine Geschwindigkeitsbegrenzung. Passiert dann in Folge nichts oder fällt die Vorleistung schlampig aus, weiß man, wie hoch das tatsächliche Interesse oder der Mehrwert ist. Ich hatte dieses Beispiel tatsächlich häufiger im Vertrieb: Eine potenzielle Vertriebsfirma hat dann etwa behauptet, sie bräuchte im Monat 2000 Euro Fixum, um ihre Arbeit den Vorstellungen entsprechend ausführen zu können, und bräuchte dabei eine Zeit von mindestens sechs Monaten, bis das vorhandene Riesen-Händlernetzwerk und die ausgezeichneten Connections greifen. Was so viel heißt wie: Die Person wollte fixe 12 000 Euro für ein halbes Jahr, ohne dass mir eine einzige verkaufte Flasche garantiert gewesen wäre. Dann meinte ich, ich würde erst mal zehn Kartons schicken, und wenn diese innerhalb von x Wochen verkauft seien, würde ich rückwirkend das Fixum und die Provision zahlen. Somit hätten die dann auch einen Vertrag wie gewünscht.

Dieses Vorgehen ist eine sehr effektive Methode, um das Händlernetzwerk und diese angepriesenen *Connections* zu testen, vor allem dahingehend, ob sie auch zu dem Produkt passen, das du verkaufst. Das ist wichtig, denn gute Mitarbeiter im Sales sind für Start-ups, die ihr Modell auf dem raschen Verkauf eines Produkts aufgebaut haben, essenziell.

13.3 Doppelheirat

Mein Motto war jedenfalls immer: Underpromise & Overperform anstatt Overpromise & Underperform.

Was übrigens auch ein gutes Rezept für eine Ehe darstellt. Meine Frau wusste zu jenem Zeitpunkt in Rom auch schon, dass ich in diesem Jahr zwei Ehen eingehen wollte: eine mit ihr und eine weitere mit meinem Start-up bzw. dem Business Angel. Sie war bei zweiterem stets ein Rückhalt und hat nicht über meine 70-Stunden-Wochen gemotzt, sondern mich auf Messen unterstützt. Das zeigt sich auch in der Statistik wieder: Vier von fünf deutschen Gründern befinden sich zum Zeitpunkt der Gründung in einer festen Partnerschaft. Was nicht bedeutet, dass eine Partnerschaft eine Voraussetzung für den Erfolg ist, vielleicht könnte es sogar das Gegenteil bedeuten – immerhin scheitern ja neun von zehn Start-ups, auch wenn es müßig ist, Zusammenhänge herzustellen, ob zu viel verbrachte Zeit auf Wochenendausflügen und Kindergeburtstagen dafür verantwortlich sein könnte. Ich kann nur sagen: Es hilft ungemein, jemanden zu haben, der einen Gegenpart darstellt zu dem Bluff, zu dem Sich-Darstellen, zu der Präsentationsfläche, zu der man als Gründer auch notwendigerweise wird. Wenn eine Person da ist, die nicht mehr benötigt als ein Stirnrunzeln, um dich auf den Boden zu holen, wenn aus deinem Mund Sätze kommen wie: »Im Jahr drei unserer Beziehung erwarte ich mir eine räumliche Expansion.«

Geheiratet haben wir übrigens nicht in Italien, sondern in Regensburg. Der nördlichsten Stadt Italiens, auch wenn sich der hartnäckige Irrglaube hält, das sei München. Das Hochzeitsauto war der 1972er Pontiac LeMans. Ohne Blechdosen hinten dran: Das Ding war laut genug … und hatte somit wenigstens einen guten Zweck erfüllt.

Wie du gegen die Wand fährst:
- Du bist zu unehrlich.
- Du bist zu ehrlich.
- Du prüfst deine Geschäftspartner nicht und kaufst gutgläubig die Katze im Sack.
- Du hast keinen Gegenpart.

Was sind die Konsequenzen:
- Ein Investor kann Gründer haftbar machen, wenn er investiert und sich in späterer Folge herausstellt, dass sie gelogen haben.
- Ehrlichkeit ist gut, aber trag das Herz nicht auf der Zunge, wenn zu viel Ehrlichkeit dich oder dein Unterfangen schlecht dastehen lässt. Das kann abschrecken.
- Einmal einen Vertrag unterschrieben, sind damit wohl Kosten verbunden und es gilt: Pacta sunt servanda. Das heißt, wenn der Dienstleister engagiert ist und sich als schlecht herausstellt, verbrennst du Geld; was du dir nicht leisten kannst.
- Hast du keinen Gegenpart, läufst du Gefahr, in ungelenkte Bahnen zu laufen. Jeder braucht Feedback von Leuten, die weniger emotional in eine Sache verflochten sind, um vernünftige Entscheidungen zu treffen.

Wie du die Wand umfährst:
- Bluffe richtig: verkaufe gut, lüge nicht.
- Bluffe richtiger: Dein Herz gehört an den rechten Fleck, nicht auf deine Zunge.

- Baue bei möglichen Partnerschaften kleine Hindernisse ein, um abschätzen zu können, was passieren wird. Scheitern Dienstleister oder Mitarbeiter mit ihrer Motivation an kleinen Aufgaben, werden Sie dir nicht das Ergebnis liefern, das du willst. Underpromise und Overperform soll auch für sie gelten... wenigstens das Underpromise müssen sie halten.
- Hole dir eine Vertrauensperson, die dich versteht und die auch versteht, was du machst. Sprich mit ihr und höre ihr zu.

Kapitel 14

Die Insolvenz

Nach dem Spiel ist nicht vor dem Spiel. Sondern Zeit für eine kalte Dusche.

Um hier nahtlos an das letzte Kapitel anzuschließen: Der 1972er Pontiac LeMans ist nach der Insolvenz längst weg, aber meine Frau und ich wohnen nach wie vor in der gleichen Wohnung. Wir sind auch nicht geschieden. Die Pleite hat uns weder die räumliche noch die emotionale Basis gekostet. Selbstverständlich ist das nicht. Es ist nämlich sehr wahrscheinlich, dass du im Laufe der Start-up-Gründung bei einer Kapitalaufnahme Bürgen finden musst – das naheliegendste Beispiel wäre der Bankkredit, der, wie wir gesehen haben, immer noch eine Rolle in Deutschland spielt. Man sollte sich aber gründlich überlegen, ob man dem Partner, oder wer sich auch sonst dafür bereiterklärt, eine Bürgschaft aufbürdet. Natürlich geht man davon aus, dass das Unternehmen erfolgreich sein wird. Wenn es aber bitter endet, kann es rasch heißen: »Wir wollten etwas aufbauen und jetzt zahlen wir jahrelang Schulden für dein Start-up! Ich habe dir immer gesagt, dass eine wiederverwendbare Frischhaltefolie eine Kackidee ist!«

Das hätte auch mir passieren können, wenn ich an manchen Stellen nicht aufgepasst hätte oder eine Spur leichtsinniger gewesen wäre. Wenn ein Unternehmen pleitegeht, bedeutet das aber nicht zwangsläufig, dass der Unternehmer schlecht ist. Manchmal hat man schlichtweg Pech. Ein guter Freund von mir hatte eine Firma gegründet, die Bausteine für Swimmingpools herstellte, und einen großen Kredit aufgenommen, um in die Gerätschaften zu investieren. Dann gab es einen Rechtsstreit, der sein Startup ein Vermögen kostete und dennoch verloren wurde. Er konnte wenig dafür, aber er war pleite. Hier war David, dort war Goliath, aber es war eben nicht die Bibel, sondern deutsches Recht, und die Größe der Kriegskasse ist entscheidend. Und im Falle einer Firmeninsolvenz, die nach langem Hin und Her in einer Privatinsolvenz (wie bei meinem Freund) mündet, kommt dann rasch das wunderbare deutsche Wort *Wohlverhaltensphase* ins Spiel, eine sehr flauschige Bezeichnung für das, was in Wahrheit dahintersteckt: Unternehmer müssen sich nach einer Privatinsolvenz für einige Jahre bestimmten Bedingungen unterwerfen. Vom Überflieger tauchst du erst mal ab in den Untergrund.

Eine Insolvenz ist kein Kinderspiel und vor allem nichts, was mit dem Ausfüllen von zwei Formularen getan ist. Schon gar nicht heißt es, dass du eben keinen Schein mehr in der Brieftasche hast, um dir ein Eis zu kaufen. Eine Insolvenz bedeutet, dass du dir nicht nur nicht das Eis kaufen kannst, sondern dass jemand nachrechnet, wie viele Scheine mal im jetzt leeren Portemonnaie gewesen sind und ob die Gründe, weswegen sie jetzt nicht mehr dort drin sind, vermeidbar gewesen wären; und wenn er findet: Ja, das wäre vermeidbar gewesen, kann es sein, dass er diese Scheine, die nicht mehr da sind, von dir zurückhaben will. Eine Insolvenz ist ein bisschen wie eine Ex, die nach zwei Jahren auftaucht und sagt: Ich möchte das Essen, das damals im Kühlschrank war!

14.1 Insolvenz und die Folgen

Zweifelsohne war die Insolvenz das bitterste, aber auch das lehrreichste Kapitel meines Start-ups. Eine Pleite trifft dich erst mal mental. Du fühlst dich wie ein Verlierer. *Was habe ich falsch gemacht? An welchem Punkt habe ich es vergeigt? War es im Vorhinein zum Scheitern verurteilt? Warum habe ich nicht auf die anderen gehört?* Du bist der Meinung, du hast es deinen Partnern gegenüber verbockt, ob Mitgründern, Investoren oder Menschen, die für dich gebürgt haben – und denen nun allesamt mögliches Unheil droht. Wann du tatsächlich diesen Punkt erreichst, an dem es nicht mehr weitergeht, merkst du. Zum einen sollten deine Zahlen so weit aktuell sein, dass sie eine klare Sprache sprechen. Ob du dann noch etwas hinbiegen kannst, ist der nächste Gedanke. Aber du spürst definitiv, wenn die Luft wirklich zu dünn für Experimente ist und keine Optimistenbrille noch so rosa sein kann.

Es gibt drei Insolvenztatbestände: Überschuldung, Zahlungsunfähigkeit und drohende Zahlungsunfähigkeit. Dabei ist Überschuldung bei den meisten Startups, die unter einer GmbH oder UG firmieren, ohnehin meist ein bilanzieller Dauerzustand. Wie schon in Kapitel 3 betont: Das Wichtige ist der Cashflow. Solange du deine Rechnungen bezahlen kannst, ist alles im grünen Bereich. Du kannst auch versuchen, offene Forderungen auf die lange Bank zu schieben, schließlich kann man mit jedem Kunden reden und eine Stundung verlangen, auch wenn es keine schönen Gespräche sind – und erste negative Signale nach außen sendet. Eng wird es erst, wenn das Geld ausgeht; wenn der Cashflow komplett versiegt ist und absehbar nicht ausreichend sein wird. Dann hast du maximal drei Wochen Zeit, einen Insolvenzantrag zu stellen.

Der Ablauf ist dann wie folgt. Es kommt der Insolvenzberater und sagt »Knüppel aus dem Sack«. Dann heißt es in Deckung gehen, denn der Knüppel ist sauer. Er wirft mit Ausdrücken um sich, von denen du im Traum nicht gedacht hättest, dass sie jemals zu deinem Vokabular gehören würden: »rückwirkend ungültige Zahlungen«, »nachträglich anfechtbare Einlagen«, »Insolvenzverschleppung« und, genau, »Wohlverhaltensphase«. Du speicherst die Nummer des Insolvenzverwalters in dein Handy, und ob du das unter den Namen *Frankenstein* oder *Satan* tust, ist sowohl für den Ausgang als auch die Person egal. Das Gefühl, wenn der Name auf dem Display aufblinkt, ist immer das gleiche: Ärger, Wut, Bangen und die Frage: Wie kann ich diesmal dienen, *Satan*?

Du findest bald heraus: einiges. Beispielsweise will er dir sagen, dass vom Unternehmen an die Bank geleistete Kredittilgungsraten rückwirkend angefochten und von den Gesellschaftern eingefordert werden können. Im Fall eines Kredits heißt das im Klartext: Wenn die Firma diesen zurückzahlt, kann der Insolvenzverwalter bis zu einem gewissen Zeitraum zurück die geleisteten Tilgungszahlungen von der Firma an die Bank den einzelnen Gesellschaftern zuschreiben. Hier tauchen auf einmal ein paar zehntausend Euro aus der Vergangenheit auf, die du plötzlich auf der Uhr stehen hast. Der Insolvenzberater stellt fest: Diesen Betrag müssen die Gesellschafter noch nachträglich erbringen, weil ein großer Teil dieser Tilgungszahlungen zu wirtschaftlichen Lasten der Gläubiger gegangen war – also bspw. Lieferanten, die wir nicht mehr zahlen konnten. Wir sahen das naturgemäß anders. Für uns hatte der Kredit Priorität, denn eine Bank ist, wie gehört, nicht sehr geduldig, wenn Raten nicht kommen. Aber da du ja für den Kredit gebürgt hast, kriegt die Bank ohnehin das Geld von dir, also kannst du auch vorher deine Gläubiger bezahlen. Nun sollte der Begriff »Unternehmerisches Risiko« klarer sein und »Gesellschaft mit beschränkter Haftung« noch mal neu betrachtet werden.

Einige Sachen hast du dann nicht mehr in der Hand. Manchmal macht dir auch einfach der Zufall einer Rechtsprechung einen Strich durch die Rechnung. Es ist der klassische Fall, der in Deutschland wahrscheinlich Tausende Male am Tag vorkommt: Der Unternehmer überbrückt mal eben mit privatem Kapital einen Engpass der Firma und gibt ein Gesellschafterdarlehen. Wenn die Firma trotzdem insolvent geht, konnte er sein »Krisendarlehen« dann steuerlich als nachträgliche Anschaffungskosten geltend machen und steuerlich absetzen. Praktisch zum Zeitpunkt unserer Insolvenz gab es jedoch eine Gesetzesänderung, die besagt, dass Darlehen, die man als Gesellschafter seiner Firma in der Krise zur Verfügung stellt, im Insolvenzfall steuerlich nicht mehr anrechenbar sind. Das Geld ist somit erst mal komplett im Feuer. Hier ist es wichtig, dass man vorab mit einem guten Steuerberater über solche Dinge spricht. Wenn dir das vorher niemand sagt, gibst du deiner Firma eine fünfstellige

Summe, im Irrglauben, du könntest die Summe steuerlich anrechnen. Alles nur, weil sich die Rechtslage geändert hat, was du im Zweifel als Letzter mitkriegst.

14.2 Auch Investoren droht Ärger

Und wohlgemerkt: Auch für Investoren drohen im Falle einer Insolvenz Gefahren, die über den bloßen Verlust ihrer Investitionen hinausgehen. Unser Business Angel gab unserer Firma beispielsweise ein Darlehen von 30 000 Euro, das mit unserem Pontiac abgesichert war. Unsere Abmachung: Wenn es schief geht, bekommst du den Wagen und kannst ihn für 30 000 Euro verkaufen. Man kann so einen Deal machen und ein Gesellschafterdarlehen durch Firmeneigentum decken. Wenn es gut läuft, zahlst du das Geld zurück und es kräht kein Hahn danach: Wo kein Kläger, da kein Richter. Aber im Falle der Insolvenz macht der Insolvenzverwalter relativ schnell klar, wo du als Gesellschafter im Familienporträt der Insolvenzordnung stehst: nicht mehr im Bild. Das Darlehen wurde angefochten, der Oldtimer verkauft und das Geld unter den Gläubigern verteilt. Der Business Angel sah also keinen Cent der 30 000 Euro, was der Stimmung unter uns nicht förderlich war.

Weiter gab es noch die anderen 30 000 EUR, die wir einem zweiten Business Angel zurückbezahlt haben, da er diese zuvor als eine Anzahlung auf seine Beteiligung geleistet hatte und wir ihm abgesagt hatten. Was niemand wusste: Auch diese Transaktion wäre in Folge der Insolvenz anfechtbar gewesen, d. h., besagter zweiter Business Angel hätte die 30 000 Euro an den Insolvenzberater zurückbezahlen müssen, hätte dieser die Summe eingefordert – und wäre somit für eine Firma belangt worden, an der er nie Anteile besessen hatte und die dann auch noch in der Insolvenz stand.

14.3 Wenn's ganz hart kommt: Insolvenzverschleppung

All diese Fragen sind zu klären, während du parallel darlegen musst, dass du es nicht zu einer *Insolvenzverschleppung* kommen hast lassen; ein unschönes Wort, das bereits nach Drohung klingt und auch strafrechtliche Konsequenzen nach sich ziehen kann. Obwohl ein Balancieren am Abgrund und die Frage ständiger Geldaufnahme praktisch zur DNA eines Start-ups gehören – und die Rettung in letzter Sekunde praktisch Teil des Geschäftsmodells ist –, ist das Thema Insolvenzverschleppung deswegen nicht hinfällig. Die Ursache ist juristisch begründet: Bei jedem Insolvenzantrag in Deutschland folgt eine obligatorische Prüfung der Insolvenzverschleppung, selbst wenn das Insolvenzverfahren mangels Masse eingestellt wird. Besonders kritisch kann es werden, wenn Sozialversicherungsbeiträge nicht ordnungsgemäß abgeführt werden, und gerade Start-ups sind anfällig dafür, an diesem Punkt den Kopf in den Sand zu stecken. Falk Wolsky, Gründer von Vibewrite, das einen Stift entwickeln wollte, der bei falsch geschriebenen Wörtern vibriert, ging 2014 mit seinem Start-up pleite. Im Interview mit *Seedmatch* erklärt er: »Was ist aus Sicht des Unternehmens und aus Sicht der Investoren bei einem Startup das Werthaltigste? Korrekt: das Team.«Team first« war meine unternehmerische Entscheidung. Ich habe sämtliche Gelder, die zur Verfügung standen, immer in folgender Reihenfolge verwendet: 1) Mitarbeiter, 2) Technische Dienstleister, 3) Buchhaltung & Rechtsberatung, 4) Sozialversicherungsabgaben & Steuer. Denn: ohne Team kein Startup. Ohne Technik kein Produkt. Ohne Rechtsberatung und Buchführung »werden Probleme kommen«. Diejenigen, welche am wenigsten direkt von einem Zahlungsverzug betroffen sind – bei denen also der Schaden – kurzfristig gesehen – am geringsten ist –, sind Krankenkassen und Finanzämter, welche Milliardenüberschüsse einfahren. Bevor ich also auch nur einen einzigen Mitarbeiter entlassen muss, habe ich zunächst den Zahlungsverzug ggü. Krankenkassen riskiert.« (Kyriasoglou 2015).

Man glaubt eben als Gründer bis zur letzten Sekunde, dass man das Ruder noch herumreißen kann; dass der nächste Prototyp vor der Serienreife steht und neue Investoren überzeugt, somit Finanzspritzen kommen – mit denen man dann die leidigen Abgaben zahlt. Aber Krankenkassen und Finanzamt sind selten zu Scherzen aufgelegt und haben keinen *Blind Spot* für Entrepreneure. In unserem Fall konnten wir die Frage einer Insolvenzverschleppung rasch klären. Ich hatte stets einen Zahlungsplan geführt, wir konnten die Fristen einhalten und somit belegen, dass wir uns an die Regeln gehalten hatten. Betreffend der Steuerschulden – beispielsweise aus Umsatzsteuer – verlangt das Finanzamt ohnehin sofort Ausführungen im Rahmen des Haftungsprüfverfahrens. In Folge bekommt man einen nicht gerade kleinen Fragebogen zugeschickt, den man auszufüllen hat. Hier heißt es die Kröte schlucken und einlesen in den Sachverhalt, denn wenn du mit lapidaren Antworten anstatt mit fundierten Aussagen glänzt, machst du dir keine Freunde.

Kurzum: Ein Insolvenzverfahren sowie die Prüfung zur Insolvenzverschleppung sind zeitraubend. Man muss eine ganze Menge Formulare ausfüllen und Rede und Antwort stehen; Behörden, Insolvenzverwalter, Banken – alle wollen noch recht viel wissen von dir und deiner totgesagten Firma: *Welcher Gläubiger bekommt noch wie viel Geld? Welche Käufer schulden dem Unternehmen noch Geld? Wofür wurde dieses Geld ausgegeben und war das wirklich eine notwendige PR-Aktion?* Du musst jeden einzelnen Geldposten deiner Firma aufdröseln. Und nebenbei warten vermutlich ein paar böse Überraschungen, dass Dinge sich im Falle einer Insolvenz anders darstellen als ursprünglich angenommen. All das zu klären, kostet

Kraft. Wer also denkt, mit dem Insolvenzantrag ist alles vorbei, der irrt. Man muss seine Nase noch eine Weile in den Dreck stecken. Wie lange sich ein Insolvenzverfahren hinzieht, hängt letztlich von der Größe der Firma ab. In unserem Fall waren es vier Monate; vier Monate, auf die ich gerne verzichtet hätte, die mir aber auch verdeutlicht haben, wie richtig es war, dass ich mich im laufenden Geschäft nicht zu Schwindeleien und Nachlässigkeiten hinreißen habe lassen, sondern mich an unternehmerische Old-School-Kriterien gehalten habe.

14.4 Wie es zur Insolvenz kam

Wie aber waren wir an den Punkt gekommen? Was war letztlich ausschlaggebend dafür, dass wir die Firma in den Sand gesetzt hatten? Im Nachhinein kann ich sagen: im Grunde alles, was ich bisher geschrieben habe. Der häufigste Grund, weswegen Start-ups scheitern, hatte auch uns das Genick gebrochen: Es gab keinen Markt für unser Produkt. Das war die einfache Wahrheit. Wir konnten diesen Umstand mit einem guten Team eine Zeitlang wettmachen. Was dann folgte, war eine Verkettung von Umständen und Fehlern. Unser Partner hatte uns das Produkt nicht wie versprochen entwickelt, und der Vertrag, den es dazu schriftlich gab, war nicht ausreichend genau formuliert und bot zu viel Spielraum zu unserem Nachteil. Ein an einem Einstieg interessierter Investor wollte diese Punkte nachvollziehen und hundertprozentige Klarheit. Dies führte dazu, dass nach und nach Punkte ans Licht kamen, die unsere Firma nachteilig einholten – das war weder gewollt noch Absicht – wir hatten einen Vertrag an einer der wichtigsten Stellen unsauber geschlossen, was dann alles andere als investitionsförderlich war. Wir fielen aus allen Wolken, die Emotionen kochten über. Der Business Angel flatterte mit Worten, wir hätten ihm

Coca-Cola versprochen, aber nur Discount-Cola in der Hand.

So schlimm war es natürlich nicht. Unser Produkt hatte immer noch Topqualität, es war nach wie vor ein auf Weltklasseniveau ausgezeichnetes Bio-Produkt, aber wir hatten bei den Verträgen zu wenig hingeschaut und Spielräume zugelassen, die uns am Ende an die Wand fahren ließen. Diese Episode war das Tüpfelchen auf dem i. Ich dachte: weiterkämpfen unter diesen Bedingungen? Wir waren bereits eine Weile gestrauchelt, der Kampf hatte mich ausgezehrt. Ich war letztlich auch der, der für die Zahlen verantwortlich war, die beiden Mitstreiter hatten die Brisanz der Lage nicht so klar vor sich, da sie mit der täglichen Planung nichts zu tun hatten. Aber weiterzumachen hätte bedeutet, ein extremes Risiko einzugehen. Eines, das ich nicht gehen konnte und wollte. Ich besprach die Sache im Büro mit meiner Frau: »Ich muss die Reißleine ziehen.«

Als der Entschluss gefasst war, spürte ich neben Enttäuschung auch Erleichterung. Die sprichwörtliche Last fiel mir von den Schultern. Ich hatte es eingesehen: Es ging nicht mehr. Ich teilte es meinen Partnern mit und lief eine Runde um den Häuserblock. Die Glocken des Regensburger Doms läuteten, wie vor fast zwei Jahren, als wir den ersten Vertrag mit unserem Business Angel unterzeichnet hatten. Damals war es eine Fanfare für die Zukunft gewesen, jetzt war es ein Fanal des Grabgesangs. Bimmelt eben ständig, der Scheißdom, dachte ich.

Das bringt meine Stimmung in diesen Tagen ganz gut auf den Punkt. Ich war deprimiert und grüblerisch, aber unternehmerische Reflexe in mir wollten nach wie vor zum Telefon greifen, um den Karren doch noch aus dem Dreck zu ziehen. Aber ich wusste, es war besser, ihn dort stehen zu lassen. Ich bin heute vor allem froh, dass die Freundschaft mit meinem Mitgründer diese Belastung ausgehalten hat. Wir bekamen für die offenen Bankkredite noch eine Breitseite mit, aber wir hatten es geschafft, dass unsere Bürgen nicht zur Kasse gebeten wurden. In Summe haben wir in sieben Jahren – also von den ersten Designentwürfen in Studententagen bis zur abgewickelten Insolvenz – jeder um die 45 000 Euro in den Sand gesetzt.

Manchen mag diese Summe als eine Lappalie erscheinen, manchen vielleicht nicht. Ich möchte mit diesem Kapitel auch niemanden abschrecken, aber man sollte sich von Anfang an bewusst machen: Selbst wenn du an deine Idee glaubst wie die Wikinger an Walhalla, mache aus deinem Start-up kein Himmelfahrtskommando. Du kannst in der euphorischen Gründerphase Entscheidungen fällen – oder häufig eben auch: falsch oder gar nicht fällen –, die einem später auf die Füße fallen. Das kann sowohl Gründer als auch Investor betreffen. Jeder Gründer geht davon aus, die nächste große Nummer zu sein: *The One*, und nicht einer von neun. Aber wenn das Start-up schief geht, siehst du dich bei einer Insolvenz schlagartig mit ganz anderen Spielregeln konfrontiert – und es sind keine Spielregeln zu deinem Vorteil.

Nach dem Spiel ist nämlich nicht vor dem Spiel, sondern erst mal Zeit für eine ziemlich kalte Dusche.

> **Wie du gegen die Wand fährst:**
> – Du hast den Worst Case nicht durchgespielt und deine Ideen oder Abmachungen daran nicht gemessen.
> – Du bezahlst die falschen Gläubiger zuerst, die richtigen zum Schluss.
> – Du triffst Entscheidungen in der Krise, ohne die Rechtslage zu kennen.
> – Du hoffst zu lange, dass alles wieder gut wird.

Was sind die Konsequenzen:
- Ideen, Vereinbarungen und Regelungen zwischen Gesellschaftern sollen gegen den Insolvenzfall geprüft werden. Im Zweifel kommen die Gesellschafter ganz zum Schluss und Abmachungen sind dahin.
- Schulden bei Dienstleistern kann man besprechen, Schulden beim Staat bedingt, Schulden wegen Sozialabgaben sind indiskutabel. Prüfe deine Gläubiger und mache keine Fehler als Geschäftsführer. Steuerberater und Anwalt fragen.
- Du hilfst deiner eigenen Firma und kannst am Ende Zahlungen nicht mehr steuerlich geltend machen.
- Du verpasst den Moment der Wahrheit und meldest zu spät Insolvenz an. Im Falle einer Insolvenz droht eine jahrelange Wohlverhaltensphase, in der Unternehmer Auflagen erfüllen müssen und vom CEO rasch zum C U Soon werden.

Wie du die Wand umfährst:
- Konsultiere vor wichtigen Entscheidungen einen Insolvenzberater oder Steuerberater und besprich, wie haltbar die geplante Regelung im Worst Case ist.
- Du musst sicher wissen, welche Rechnungen zuerst bezahlt werden müssen und bei wem du nie in der Kreide stehen darfst.
- Sich nicht im laufenden Geschäft zu Schwindeleien und Nachlässigkeiten hinreißen lassen, sondern schön an unternehmerische Old-School-Kriterien halten und nachfragen, nachfragen, nachfragen.

- Achte auf den Cashflow. Solange man seine Rechnungen bezahlen kann, ist alles im grünen Bereich. Wenn dieser versiegt, muss man innerhalb von maximal drei Wochen einen Insolvenzantrag stellen. Das Führen eines Zahlungsplans hilft, Fristen einzuhalten und belegen zu können, dass man sich an die Regeln gehalten hat.

Kapitel 15

Gründer-
zufriedenheit

Die Ballade von Selbst und
Ständig. Und warum man sie
immer wieder hört.

Neun von zehn. Ich habe diese Statistik in diesem Buch bereits einige Male erwähnt und ich erwähne sie noch ein letztes Mal: neun von zehn. Diesmal meine ich allerdings nicht die Zahl der Start-ups, die scheitern, sondern die Zahl der Gründer, die laut *DSM 2018* eine hohe Zufriedenheit mit ihrer Arbeit aufweisen (Kollmann u. a. 2018).

15.1 Gründer suchen Herausforderung und Unabhängigkeit

Neun von zehn Gründern also lieben das, was sie tun, obwohl neun von zehn Start-ups scheitern. Klingt nach einem Widerspruch, ist aber keiner. Ich habe diese Zahl im Sinne der Allegorie sogar noch etwas gebogen: Tatsächlich sind es sogar 94,4 %, die die Frage nach Zufriedenheit mit ihrem Gründungsstatus positiv beantworten. Das bedeutet, dass nur 5,6 % der Gründer mit ihrer Arbeit unzufrieden sind. Und das wiederum, obwohl sie ungleich mehr arbeiten als der deutsche Arbeitnehmer. Im Schnitt arbeiten Gründer in deutschen Start-ups nämlich wochentags 48,7 Stunden und legen am Wochenende nochmals rund 7,7 Arbeitsstunden drauf. Somit verbringen sie durchschnittlich 56,4 Stunden in der Woche mit ihrem Start-up. Im Vergleich dazu der deutsche Durchschnitt: 35,6 Stunden.

Bäng! Das sind also glatte 20 Stunden mehr, die Gründer in der Woche für ihr Start-up aufbringen, und eines ist sicher: Damit ist nicht gemeint, dass sie mit dem Barista ihres Vertrauens zwei Stunden am Tag über Cold-Brew-Kaffee debattieren. Trotzdem verfügen Gründer über eine höhere Arbeitszufriedenheit sowie auch eine höhere Lebenszufriedenheit (hier sind knapp 50 % der Gründer »Sehr zufrieden« im Vergleich zur Bevölkerung (Eurobarometer) mit 32 %). Auch an diesem Punkt scheint die Erklärung einleuchtend: Gründer von Start-ups stürzen sich freiwillig in das Abenteuer. Überwältigende 85 % geben an, dass es keine Notwendigkeit für sie gab, die Start-up-Rakete zu zünden. Stattdessen überwiegen als Gründe die Motive Herausforderung (94,5 %) und Unabhängigkeit (86,8 %) – also das, was man intrinsische Gründungsmotive nennt.

Das kann ich unterschreiben. Ich habe meine Edelspirituose nicht gelauncht, weil ich sie zum Überleben gebraucht und es als unbedingte Notwendigkeit betrachtet habe. Ich wollte es mir und der Welt beweisen. Es war der Reiz der Herausforderung, die eigene Idee in der Realität zu überprüfen. Und damit einhergehend der Wunsch, unabhängig zu sein. Das hat in der Form nicht geklappt und ich habe nach fast fünf Jahren das Kapitel beenden müssen. Aber das Gute in der Start-up-Szene ist: Du bist als gescheiterter Gründer kein verbranntes Kind – zumindest nicht, wenn du nicht eine sehr zwielichtige Nummer durchgezogen hast. Man kann sich seinen Ruf ruinieren, beispielsweise indem man Investoren belogen hat, denn das spricht sich herum. Wenn du aber dein Start-up »nur« in den Sand gesetzt hast wie einer von neun (Ehrenwort: das letzte Mal!), bist du in der Start-up-Szene einer, der es wenigstens probiert hat. Du bist vom Pferd gefallen, aber das bedeutet nicht, dass du mit Schimpf und Schande aus der Stadt gejagt wirst. Du warst einfach mutig genug, es überhaupt zu tun.

15.2 Noch einmal: Der CEO macht alles

Es hat auch ein paar Monate gebraucht, bis meine blauen Flecken abgeheilt waren. In dieser ersten Phase nach der Insolvenz schlägst du dich mit Phrasen durch den Tag: *Life goes on* und *Shit happens*. Dinge, die du vor dich hinmurmelst beim morgendlichen Blick in den Spiegel. Aber irgendwann ändert sich deine Perspektive. Du siehst weniger, dass du eine Pleite hingelegt hast, sondern vielmehr, dass du wertvolle Erfahrungen gesammelt hast. Man lernt eben erst, dass die Herdplatte heiß ist, wenn man sich die Finger daran verbrannt hat – oder wenn man sich die Finger an manchen Stellen verbrannt hat.

So gesehen war das Start-up eine Feuertaufe, die im Nachhinein viel Klarheit gebracht hat. Heute helfen mir die Schlüsse, die ich daraus gezogen habe, auf vielfältige Art und Weise. Ich trete bewusster in Verhandlungen auf, habe einen umfassenderen Blick für Gestaltungsmöglichkeiten und ein wachsameres Auge für Gefahren. Damit man mir Stress wirklich ansieht, muss man mir schon heimlich fünf Jalapeños in den Kaffee kippen. Auch der Umgang mit Geschäftsführern oder Entscheidungsträgern ist relativ entspannt. Man verhält sich anders als jemand, der ein Hierarchiedenken eines Angestellten verinnerlicht hat. Ich könnte auch ganz gut damit leben, wenn unsere Spirituose in einem Atemzug mit Absolut genannt werden würde, aber so kam es nicht und ich kann heute mit Fug und Recht behaupten: Auch wenn am Ende eine Insolvenz deines Start-ups rauskommt, erreichst du schließlich den Punkt, an dem die Lernkurve mehr wert ist als der kurzfristige Schaden.

Ich kann vor allem auch genau abschätzen, was alles auf einen Gründer zukommt. Mein Eindruck ist nämlich, dass dieser Faktor immer noch unterschätzt wird. Ich habe es zu Beginn im Prolog erwähnt und ich erwähne es zum Abschluss noch mal: Du bist zu Beginn als Gründer der CEO deines Start-ups und als solcher bist du Alpha und Omega deines Unternehmens. Es war durch ein Start-up und die verschiedenen Gründungsmöglichkeiten vielleicht noch nie so leicht wie heute, dein eigener Chef zu sein. Aber ich hole jetzt nochmal den Kalauer aus Omas Mottenkiste: Selbstständig sein heißt *selbst* und *ständig*.

Omas Mottenkiste hat nämlich Recht, so wie sie schon Recht hatte, dass man kein Essen wegschmeißen soll und sich bedanken soll, wenn man etwas geschenkt bekommt: Als Gründer und CEO muss einem klar sein, dass man das Mädchen für alles ist. Du bist erster Ansprechpartner und letzter Widerstand. Du musst über Unternehmensführung Bescheid wissen, Produktentwicklung vorantreiben, Verkaufsstrategien überlegen, Vertragsrecht kennen, die Unternehmenskultur prägen. Du symbolisierst das Start-up nach innen sowie nach außen. Wenn du das alles nicht willst, dann eröffne lieber eine McDonald's-Filiale: Ein Big Mac ist ein Big Mac, die Corporate Identity ist vorgegeben und du kannst jede bescheuerte Aktion mitmachen, ohne dir den Kopf zerbrechen zu müssen. Aber wenn du der CEO deines eigenen Start-ups bist, hast du Neuland vor dir. Vielleicht musst du dich in keinem Bereich am besten auskennen, aber du musst von jedem Bereich Ahnung haben. Du musst das große Ganze des Markts ebenso im Blick haben wie die kleinen Bedürfnisse der Leute, die für dich arbeiten. Du musst inspirieren, voranschreiten und vor allem weiter voranschreiten, wenn bei allen anderen die Energie nachlässt. Und das 60 Stunden in der Woche. Meine Definition eines CEO ist folgende: Du musst führen und der beste Führer ist der Diener aller. Das Schwierige ist nur, dass deine Dienste in den meisten Fällen als Einbahnstraße aufgefasst werden und das Echo auf sich wünschen lässt. Darauf sollte man sich einstellen und darum ist eine loyale Mannschaft umso wichtiger. Du wirst nämlich überrascht werden von der Tatsache, dass es nur wenige Wohltäter gibt und jeder ein Geschäft machen will. Wenn jemand kein Geschäft in dir sieht, dann verkaufst du nichts. Punkt. Du und dein Produkt sind dem anderen ziemlich egal, wenn die Firma scheitert, ist es ja nicht sein Problem. Am Ende stehst du im Zweifel alleine da und die, die dir helfen, sind sehr wenige an der Zahl. Auch das war meine Erkenntnis.

15.3 Play it again, Sam!

Andererseits: Diese Menschen und Kontakte, die bleiben, sind umso wichtiger. Und auch der Wunsch nach Herausforderung und Unabhängigkeit löst sich – zumindest in den meisten Fällen – nicht in Luft auf. Das Verhältnis der Menschen, die zum ersten Mal ein Start-up gründen, und Seriengründern – also solchen, die bereits eines oder mehrere Start-ups gegründet haben – liegt in Deutschland in etwa bei Fifty-Fifty. Soll heißen: Jedes zweite Start-up wird von jemandem gegründet, für den es nicht das erste Mal ist. Und auch ich bin ein Serientäter. Zum Zeitpunkt, da ich dieses Buch schreibe, bin ich in zwei neue Start-ups involviert. Dazu habe ich mich mit Partnern zusammengetan, mit denen ich schon ein paar Jahre zusammengearbeitet habe und eine fundierte Vertrauensbasis entstanden ist.

Im Gegensatz zu meinem ersten Start-up handelt es sich jedoch nicht um ein Consumer Good. Eine physische Ware, die produziert werden muss und bei der Lagerkosten entstehen: war mir zu heiß. Auch der Grad der Skalierbarkeit ist dadurch wesentlich höher. Das eine Start-up ist im Softwarebereich angesiedelt, das zweite im Beteiligungsbereich. Die Regeln der Gründung aber sind die gleichen wie bei meiner ersten Gründung: Es geht darum, einen Plan B vorzuhalten, sollte sich doch noch etwas zerschlagen; man muss Verträge aufsetzen, die Finanzierung schaffen, Anteile und Beteiligung abklären, Mitwirkungspflichten definieren – also wer macht was –, Rücksprache mit Anwälten halten, Businessplan oder Finanzplan austüfteln und Rechte wie Domains und Markenrechte klären. Sprich: Ob Schnaps oder Software, die Mechanismen, wenn man eine neue Idee mit neuen Partnern startet, sind die gleichen.

Es gibt allerdings ein essenzielles Thema, das sich von meinem ersten Abenteuer unterscheidet: Der tatsächliche

Produktnutzen ist vorhanden und mit den Leuten abgesprochen, die täglich damit zu tun haben. Ich bin seit der Auflösung meines Start-ups nun voll als Berater tätig, wobei meine drei Fachgebiete Datenschutz, Projektmanagement und M & A – d. h. Unternehmenszu- und -verkäufe sowie auch Investorenvermittlung u. a. für Start-ups – umfassen. Beide neuen Ideen haben sich aus dieser Tätigkeit ergeben, da sie tatsächlich vorhandene Probleme lösen. In dem einen Fall handelt es sich um einen Webseitenscanner, der automatisiert die technische Ausgestaltung von Webseiten überprüft und die Ergebnisse mit datenschutzrechtlichen Anforderungen vergleicht. Damit wird erkannt, ob sich eine Webseite technisch auf dem von den Behörden geforderten Stand – beispielsweise in puncto Verschlüsselungen – befindet. Eine manuelle Prüfung würde mich als Berater mit Reporting zwei Stunden Zeit kosten, bei knapp 200 Webseiten ist das nicht mehr machbar – und für den Kunden ohnehin zu teuer. Diese Prüfung kann auch ein Tool mit einem Report-Generator vornehmen. Somit dauert die Prüfung fünf Minuten, kostet pro halbes Jahr oder Jahr deutlich weniger, als wenn ich es manuell machen müsste, und bietet deutlich mehr Sicherheit. Sogar ich als Berater würde – hätte mir jemand so ein Produkt angeboten – das Geld guten Gewissens bezahlen, nur um mir den Rücken freizuhalten, wenn es diese Lösung gäbe. So war auch das Feedback anderer Berater hervorragend (daher noch mal erwähnt: Spread your ideas! Erzähl dein Konzept! Nicht mit der Idee hinter dem Berg halten und sie im stillen Kämmerchen ausbrüten, sondern: fragen, Feedback einholen, Marktforschung betreiben!). In weiterer Folge bin ich eine Kooperation mit einer Datenschutzfirma eingegangen, mit der ich das Tool entwickle. Finanziert hatte ich die Idee wieder mit eigenem Geld und einem Investor. Und da wir bereits bestehende Mandate und Strukturen innerhalb der Kooperation haben, kann das Produkt sofort an bestehende Kunden ausgerollt werden.

Es handelt sich also um einen Warmstart, der sich vom Kaltstart meiner Spirituosenmarke unterscheidet. Dabei fällt mir in der einen oder anderen Situation aber auf, dass ich Dinge sehr wahrscheinlich anders machen würde, hätte ich nicht das erste Start-up in den Sand gesetzt. Das ist ein hypothetischer Gedanke, aber ich spüre es manchmal einfach. Ich würde vielleicht nicht so genau auf das Feedback achten, wie ich es jetzt tue. Ich würde möglicherweise Partnerschaften weniger genau auf Bewährung prüfen. Ich bin mir sicher, dass ich manchen Fehler eben jetzt zum ersten Mal begehen würde und dass er jetzt umso schmerzhafter sein würde. Und ich bin darauf eingestellt, dass 60-Stunden-Wochen auf mich warten.

Eines ist mir aber klar geworden: Scheitern ist nur eine Schande, wenn du die Lehren, die du daraus ziehst, nicht anwendest. Man muss sich aufraffen, abputzen und wieder reinschwingen in den Sattel. Denn wenn nicht? Dann hätte ich hier nur zweihundert Seiten lang geschwafelt und wäre auch nur eine weitere Laberbacke.

Und davon gibt es bereits genug.

Wie du gegen die Wand fährst:
- Du hast dir den Ruf ruiniert, indem du im Laufe des Start-up-Abenteuers Investoren belogen hast.
- Du hast unterschätzt, was als CEO und Gründer alles auf dich wartet.
- Du lernst nach einem Fehlgriff nichts dazu und machst die gleichen Fehler wieder.

Was sind die Konsequenzen:
- Es spricht sich herum, dass man mit dir keine guten Geschäfte machen kann, und das erschwert oder verhindert sogar einen Neustart.
- Du bist Alpha und Omega deines Unternehmens. Du bist für alle der erste Ansprechpartner

und verkörperst es nach innen wie nach außen. Wer ein Problem damit hat, locker 60 Stunden in der Woche für das Start-up zu arbeiten, wird mit seiner Entscheidung, gegründet zu haben, nicht glücklich werden.
- Wenn dich das erste Mal einer einen Ochsen nennt, nenn ihn Vollochse. Beim zweiten Mal setz deine Hörner ein. Beim dritten Mal sieh dich nach einem Stall um.

Wie du die Wand umfährst:
- Es dauert Jahre, sich einen Ruf aufzubauen – und nur fünf Minuten, ihn zu ruinieren. Achte auf deinen Ruf.
- Der beste Führer ist der Diener aller – lebe nach diesem Credo, auch wenn deine Dienste in den meisten Fällen als Einbahnstraße aufgefasst werden und das Echo wenig zu wünschen übrig lässt.
- Beim nächsten Start-up-Versuch: Achte auf den tatsächlichen Produktnutzen und sprich ihn mit den Leuten ab, die täglich damit zu tun haben. So kann man das Produkt auch möglicherweise rasch ausrollen und schnell wichtige Einnahmen lukrieren. Eine bereits eingetretene Pleite kann man nicht mehr umfahren. Aber man kann aus ihr lernen. Irgendwann ändert sich deine Perspektive. Du siehst weniger die Pleite als die wertvollen Erfahrungen, die du gesammelt hast.

Literatur

Altos (2010): »What Did Bill Gates Worry About? Lean or Fat?" https://altos.vc/2010/03/what-did-bill-gates-worry-about-lean-or-fat/ – Abrufdatum 11.4.2019

BAND (2019): »Der Weg zum Business Angel«. http://www.business-angels.de/start-ups/der-weg-zum-business-angel/ – Abrufdatum 1.4.2019

Catharina (2018): »Studie: Start-up-Landschaft in Deutschland zeigt sich von neuer Seite«. https://www.fuer-gruender.de/blog/2018/10/deutscher-startup-monitor-2018/ – Abrufdatum 11.6.2019

CBInsights (2019): »The Top 20 Reasons Startups Fail". https://www.cbinsights.com/research/startup-failure-reasons-top/ – Abrufdatum 5.4.2019

Chang, E. (2018): *Brotopia: Breaking Up the Boys' Club of Silicon Valley*. Portfolio Penguin, London

Christensen, C. (1997): »The Innovator's Dilemma: When New Technologies Cause Great Firms to Fail". Harvard Business Review Press, 1. Mai 1997

Deloitte (2017): »Shake it up: Kooperationen zwischen Mittelstand und Start-ups«. https://www2.deloitte.com/content/dam/Deloitte/de/Documents/Mittelstand/Deloitte-Erfolgsfaktoren-Mittelstand-Kooperationen%20Start-ups2017.pdf – Abrufdatum 18.4.2019

Farooq, S. (2011): »Steve Jobs Finally Explains His Uniform«. https://www.nbcbayarea.com/blogs/press-here/Steve-Jobs-Finally-Explains-His-Uniform-131588418.html – Abrufdatum 2.3.2019

First Round (o. J.): »Make Operations Your Secret Weapon – Here's How". https://firstround.com/review/make-operations-your-secret-weapon-heres-how/ – Abrufdatum 1.2.2019

Gebhard, P. (2014): »Oliver Samwer @ideaLab«. https://soundcloud.com/paulgebhardt/oliver-samwer-idealab – Abrufdatum 20.3.2019

Gottman, J. (2017): *Die 7 Geheimnisse der glücklichen Ehe*. Ullstein, München

Youtube (2019a): https://www.youtube.com/watch?v=jOaI8T69Fog – Abrufdatum 2.3.2019

Youtube (2019b): https://www.youtube.com/watch?v=zC1E3lM9PlU – Abrufdatum 4.3.2019

Kalka, J. (2019): *Die StartUp-Lüge: Wie die Existenzgründungseuphorie missbraucht wird – und wer davon profitiert*. Econ, Berlin

Kollmann, T. u. a. (2018): »KPMG – Deutscher Startup Monitor 2018«. https://deutscherstartupmonitor.de/fileadmin/dsm/dsm-18/files/Deutscher%20Startup%20Monitor%202018.pdf – Abrufdatum 2.3.2019

Kolosowa, W. (2017): »Start-ups: Wir sind eine Familie? Bullshit!« https://www.zeit.de/arbeit/2017-10/start-ups-berlin-arbeitswelt-versprechen-luegen – Abrufdatum 2.4.2019

Kyriasoglou, C. (2015): »Anzeige wegen Insolvenzverschleppung bei Vibewrite«. https://www.gruenderszene.de/allgemein/vibewrite-insolvenzverschleppung-anzeige/2 – Abrufdatum 4.3.2019

Nair, P. (2017): »The hustler, hucker and hipster: The personality types every teach start-ups needs". https://www.growthbusiness.co.uk/hustler-hacker-hipster-personality-types-every-tech-start-up-needs-2549471/ – Abrufdatum 1.5.2019

PwC (2018): »Start-up-Unternehmen in Deutschland 2018.« https://www.pwc.de/de/startups/pwc-studie-startups-in-deutschland-2018.pdf – Abrufdatum 11.3.2019

Scheer, A.-W. (2014): 16 Tipps für Start-ups. 2013. Universität des Saarlandes Wissens- und Technologietransfer GmbH, Saarbrücken (https://books.apple.com/de/book/16-tipps-für-start-ups/id848399929; https://www.aws-institut.de/wp-content/uploads/2016/03/IMio-Sonderheft-Start-ups.pdf – Abrufdatum 6.4.2019)

Schmiechen, F. (2018): »Das Traum-Startup, in das kein Löwe investieren wollte«. https://www.gruenderszene.de/media/loewen-traumstartup-abgelehnt?interstitial – Abrufdatum 11.2.2019

Seggie, S. (2019): »From antagonism to partnership: What if corporates and startups decided to work together?" http://knowledge.essec.edu/en/opinion/antagonism-partnership-corporates-startups.html – Abrufdatum 7.4.2019

Startup Genome (2018): »Global Startup Ecosystem Report 2018«. https://startupgenome.com/all-reports – Abrufdatum 4.4.2019

Statista (2019): »Gin – Deutschland«. https://de.statista.com/outlook/10020400/137/gin/deutschland#market-arpu – Abrufdatum 2.6.2019

Tan, G. (2017): »Co-founder conflict«. https://techcrunch.com/2017/02/18/co-founder-conflict/ – Abrufdatum 20.5.2019

Vaynerchuk, G. (2017): »Gary Vaynerchuk on Culture." https://www.youtube.com/watch?v=-ES9TEaatw0 – Abrufdatum 22.4.2019

Wikiquote (2019): »Steve Jobs". https://en.wikiquote.org/wiki/Steve_Jobs – Abrufdatum 1.6.2019

Zeeuw, Patrick de (2018): »30 Ways Startup Founders F#ck up«. https://www.startupbootcamp.org/blog/2018/09/30-ways-startup-founders-fck-patrick-de-zeeuw-pt-2/ – Abrufdatum 17.4.2019

Index

A

Anwalt *161*
Austausch *128*

B

Backup-Plan *37*
Bankkredit *57, 83*
Beteiligung am Unternehmen *48*
Beziehung *21*
Bluffen *177, 184*
Bootstrap *55*
Bootstrapping *55*
Business Angels *61, 69, 72, 79, 116*
Businessmodell *44*
Businessplan *41, 44 f., 50*

C

Cashflow *48*
Charisma *23*
Chief Executive Officer (CEO) *155*
Chief Financial Officer (CFO) *156*
Chief Operations Officer (COO) *155*
Chief Technical Officer (CTO) *155*
Crowdfunding *58*
Crowdinvesting *59*
Crowdlending *59*

D

Design *96*
Donation-based Crowdfunding *59*
Drive *24, 26*
Dumb Money *76*
Durchhaltevermögen *24*

E

Eigenkapital *56*
Enthusiasmus *33*
Entrepreneur *24*
Enttäuschung *21*
Event *99*
Exit *31*
Eyecatcher *96*

F

Fachmessen *102*
Fallback-Plan *36*
Familie *144*
Family, Friends & Fools *56*
Finanzierungsformen *53*
Firmengeheimnisse *184*
Förderkredit *60 f., 90*
Fördermittel *60*
Freunde *144*
Fundraising *48*

G

GbR *158*
Geldakquise *47*
Geldgeber *19*
Genome Report *37, 128, 137, 170, 180*
Geschäftsanteile *111*
Geschäftsidee *19, 32, 151 f.*
Geschäftsmodell *38*
Geschäftspartner *112*
Glaube *17*
GmbH *158*
Gründer *38, 102*
Gründergehalt *63*
Gründervertrag *110, 118*
Gründerzufriedenheit *203*
Gründung *23, 37*
Gründungseuphorie *47*
Gründungskapital vom Staat *60*

H

Hacker *137*
Herausforderung *205*
Hipster *137*
Hustler *138*

I

Idee *29, 37*
Image *100, 102*
Insolvenz *194 f., 198*
Insolvenzverschleppung *196*
Insolvenzverwalter *195*
Instagram *96, 98*
Internationalität *153*
International Wine and Spirits Competition *101*
Internetmodell *152*
Investment *161*
Investor *19, 75, 90, 116*
Investoren überprüfen *78*

J

Jobs, Steve *31*

K

Know-how *113*
Konkurrenz *38*
Konkurrenzverhalten *128*
Kooperation *113*
Kunde *143*

L

Lean Start-up *45*
Leidenschaft *19, 24*
Lernkurve *207*
Love Money *56*

M

Machbarkeitsstudie *153*
Marke *95*
Marketing und PR *93*
Markt *32 f., 38*
Märkte *113*
Marktforschung *33, 36 f.*
Marktstudie *38*
Messe *33, 96*
Mitarbeiter *140, 169, 175*

N

Neugründer *19*

P

Partner *20, 107, 112*
Personengesellschaft *158*
Persönlichkeit des Gründers *102*
Persönlichkeitstest *146*
Perspektive *206*
Pflichten *111*
Plan B *37*
Pop-up-Showroom *100*
Potenzial *49*
PR-Budget *97, 105*
Produkt *32 f., 36, 38*
Proof of Concept *49*
Prototyp *45*
Publicity *96*

Q

Qualität *96*

R

Rechte *111*
Respekt *174*
Ressourcen *36*
Reward-based Crowdfunding *59*
Risikokapital *86*
Running Out of Cash *50*

S

Seed-Money *72*
Skalierbarkeit *151, 153*
Skalierung *161*

Skill follows Spirit *170*
Smart Money *56, 76*
Social Media *98 f., 105*
Startkapital *56, 85*
Start-up *20, 24*
Start-up Monitor *56, 109*
Statistik *23*
Steuerberater *161*

T

Team *137*
Teamgröße *109*
Two-Target-Konzept *37*

U

Überzeugung *20*
Unabhängigkeit *205*

Unternehmensform *158*
Unternehmenskultur *168 f.*

V

Venture Capital *61, 69*
Vernetzung *100, 128*
Vertrauen *111*
Vertriebskanäle *113*

W

Wachstum *128*
Werbung *97*
Work Investment *142*

Z

Zukunft *37*

Der Autor

Ich bin Richard Söldner, 35 Jahre alt, geboren in Freyung, einem idyllischen, kleinen Ort in Niederbayern. Seit 15 Jahren lebe ich im schönen Regensburg und bin seit knapp vier Jahren mit meiner Frau Anika verheiratet. Nach dem Abitur habe ich mich ein Semester als Lehramtsstudent versucht, dann als Praktikant beim Radio. Nachdem ich ein Jahr experimentiert hatte und die Erfüllung in diesen Bereichen nicht fand, war es für mich klar, dass ich etwas Eigenes machen musste; etwas, das mir immer Spaß machen wird. Aber dafür brauchte ich ein Fundament. Also habe ich Betriebswirtschaft studiert und war mit der Entscheidung sehr glücklich. Neben dem Semesteralltag habe ich in diversen Jobs gearbeitet und bereits angefangen, im kleineren Rahmen Geschäftsideen umzusetzen. Nach dem Studium war ich im Bereich der erneuerbaren Energien tätig, zuerst im Vertrieb, dann im Controlling, dann als Geschäftsführer. Während dieser Zeit habe ich mit einem guten Freund begonnen, den Grundstein für eine Spirituosen-Start-up zu legen, welches nach meiner Zeit in den Erneuerbaren ab 2014 der Mittelpunkt meines Schaffens war. Kurz gesagt: sehr viel arbeiten für das Start-up, das nötige Geld verdienen durch Beratung kleinerer Kunden. Dieses Start-up lieferte die Idee und den Inhalt dieses Buches. Seit 2017, dem Jahr, in dem das Start-up sein Ende fand, bin ich ausschließlich als Unternehmensberater mit meiner Firma, der RSCF GmbH von Regensburg aus tätig. Wir sind ein kleines Team und haben tolle Kunden, gute Partner und viele Ideen. Unser Job ist es, für Gründer und Unternehmen einen höheren Nutzen zu schaffen, als wir Kosten produzieren. Hätte ich damals dieses Buch für 30 EUR kaufen können, hätte ich mir, meinen Partnern und Investoren ein rund 10 000-faches davon als »Lehrgeld« erspart. Damit ist dieses Buch wohl das beste Beratungsangebot, das ich im Preis-Leistungs-Verhältnis anzubieten habe.

Das Kartenset zur Entwicklung Ihrer Geschäftsidee!

Gassmann, Frankenberger, Csik
Der St. Galler Business Model Navigator
55+ Karten zur Entwicklung
von Geschäftsmodellen
Kartenset
€ 48,–. ISBN 978-3-446-45555-9

- Genialer Kreativ-Baukasten für die Entwicklung von Geschäftsideen
- Ergebnisorientiert arbeiten
- 55 grundlegende Geschäftsmodellmuster als Basis für die eigene Strategie nutzen
- Hocheffektives Tool, um aus der eigenen Branchenlogik auszubrechen
- Innerhalb kürzester Zeit eine Vielzahl von innovativen Geschäftsmodellideen generieren
- Begleitmaterial zum Download

Das Kartenset besteht aus den 55 Musterkarten (eine Karte pro Geschäftsmodell). Sie erfahren, welche Muster es gibt, wie sie sich kombinieren lassen und worauf es bei einem Geschäftsmodell ankommt. Ein absolutes Muss für alle, die ein »Feuerwerk neuer Ideen« entfachen wollen!

Mehr Informationen finden Sie unter **www.hanser-fachbuch.de**